L'AMOVR
DES
AMOVRS.

VERS LIRIQVES.

Par Iaquęs Pelętier du Mans.

A LYON
Par Ian de Tournęs.
M. D. LV.

A LA FAME.

Fame fuitiue, ęrrant par l'Vniuęrs
  Pour publier fęz, ecriz, e parolęs,
  Ię nę t'anuoę abouter les deus polęs,
  Ni du Soleilh les dous cantons diuęrs:
Bęffe le branle ampanne dę mes vęrs:
  Le plus feur ęt qu'antrę deus ęrs tu volęs.
  Dì quę cę font dę mes jeunęffęs folęs,
  Męs qu'il i à des fruiz meurs e des vęrs:
Dì quę cę n'ęt qu'un intęrmis ouurage,
  Qui donne lieu a d'autręs antrepris:
  Męs quę c'ęt bien pour ouurir le courage
A qui voudra combatrę pour lę pris.
  Và, e apràn par l'eidę dę ma vię
  A veincrę vn jour toutz feulę l'anuię.

L'AMOVR
DES
AMOVRS.

Par Iaques Peletier du Mans.

I.

E suis a toę, Dieu d'Amours, tu
   m'as pris :
Mon haut dęsir s'eleuę souȥ ton ęlę
Par l'ęr ƒęrein dę ta Court ƒu-
   pęrnęllę :
Ton feu, tes tręȥ cę ȳol lui ont
   apris.

Eureus mę tièn par toę, qui ƒuis epris
   D'unę, qui à tant dę ȳaleurs an ęllę,
   Quę ƒę fęƒant ęllę mémę etęrnęllę,
   Mę męt au keur d'etęrnite lę pris.

Ęllę ęt examplę aus amoureuƒęs amęs,
   Montranƫ l'honneur aus Amans dę leurs Damęs :
   Ęllę m'anƒeignę a l'eulh, combien ję doę̀
Bęnir lę jour quę tu m'as fę̀t ręnę̂trę :
   Par ƒa grandeur ję tièn ȳię dę toę,
   Par ton pouuoęr d'ęllę ję tièn mon ę̂trę.

a 2   Nounęl

I I.

Nouuɇl Amour, qui mɇ guidɇ e poſſedɇ,
   Mɇ pɇ́t d eſpoɇr, m'anſlammɇ dɇ deſir:
   E rand mon kɇur ſi comblɇ dɇ plɇſir,
   Quɇ lɇ parler, veulhɇ ou non, an procedɇ.
Mɇs moɇ ſɇcrɇt les lieus plus frequans cedɇ,
   E vá au loin les plus dɇſers choɇſir,
   Pour mieus ſonɇer e chanter à loɇſir
   Cɇ qui l'eſprit dɇ tant d'hommɇs excedɇ.
Ninfɇs e Dieus des caus, boɇs, mons e chans,
   Fauoriſèz ces miens amoureus chans:
   E vous, o vans, prons e paſſans temoins,
Ne rɇkeulhèz ma voɇs an lɇr ſɇmeɇ
   Dɇ ſi leger, quɇ n'an portèz au moins
   Vnɇ partiɇ a ma Deeſſɇ emeɇ.

I I I.

Iɇ croɇ̀ dɇsja qu'ɇ́trɇ tien vaut trop mieus,
   Qu'ɇ́trɇ tout ſien, Roɇ es Cieus honore,
   Dieu, des humains an la Tɇrrɇ adore,
   E par frɇɇur rɇdoute aus bas lieus.
Tes vrɇz ſuɇɇz mɇ voɇɇt parmi eus
   Ia par le nom dɇ cɇllɇ decore,
   Laquelɇ emant, jɇ n'è point ignorè
   Quɇ pour lemer faut ɇ́trɇ emè des Dieus.
Tout vn long tans t'è voulu euiter,
   Ou (di jɇ bien?) n'as voulu m'inuiter.
   Or dunq ma foɇ, s'il tɇ plɇ́t, retribuɇ:
Ou mɇ puni, s'il i à an moɇ fautɇ:
   Lɇ mal, faudra qu'a moɇ jɇ l'atribuɇ:
   Lɇ bien, s'il vient, a ta puiſſancɇ hautɇ.

CHANT.

C H A N T.

Amour au kœr desja mẹ fẹ't ſantir
Des ans paſſez vn honteus rẹpantir,
Qui mẹ fẹ́ſọẹ́t ignorer ſa puiſſance:
Desja an moẹ jẹ mẹ ſàn accuſe
D'einſi auọẹ̀r dẹ ma viẹ abuſè,
Mẹ rẹpẹ̀ſſant dẹ fauſſẹ jouiſſancẹ.

Ietoẹ́ cotant, mẹs pour rien nẹ voulọẹ̀r:
Ietoẹ́ joyeus dẹ point nẹ́ mẹ doulọẹ̀r:
Mon eur paſſoẹ̀t ſans quẹ jẹ l'apẹrçuſſẹ.
Iẹ jouiſſọẹ̀ an ombrẹ dẹ mon bien,
Sans m'an ſantir, ſans antandrẹ combien,
E ſans auọẹ̀r a qui lẹ gre j'an ſuſſẹ.

Iè meintẹnant an quoẹ mẹ rejouir,
Iẹ voẹ́ dẹ quẹẹ jẹ dẹ́ſirẹ jouir,
Amour mẹ fẹt mon eur apẹrcẹuablẹ.
Au gre dẹ lui jẹ mẹ ſuis aſſẹrui,
Mẹs jẹ connoẹ́ quẹ plus librẹ j'an vì,
E du tout ſuis a l'Amour redẹuablẹ.

Tout ſeul j'etoẹ́ munì dẹ mon eſort,
Dẹdans moẹ ſeul trouuoẹ́ mon reconfort,
A moẹ tout ſeul dẹ moẹ jẹ randoẹ́ contẹ:
Mẹs or mon bien dẹparti plus an croẹ́t,
Mẹ́trẹ amoindrì mẹ't ranfort e ſurcroẹ́t,
Voẹrẹ e ma part plus quẹ mon antier montẹ.

Amour qui ẹt dẹ mon panſer Signeur,

Dę ma fortunę ouurier e anſeigneur,
E lę ſugęt dę mes vęrs e ma plumę,
A' bien inſtruìt mon keur, qu'il à ouuęrt
An vn inſtant, combien vn feu couuęrt
N'ęt rien au pris dę cęluì qui s'alumę.

Non le plus ſoęf des ęriens ſoufleurs
Fęt ſus la Tęrrę epanir tant dę fleurs
A larriuer de la premiere anneę:
Non des oęſeaus ſus les arbres branchęʒ
Tant dę frędons gueyęmant ſont tranchęʒ,
Lors quę leur fiammę ęt nouuęllemant neę:

Non l'Ocean au Soleilh reyonnant,
Au vant poſe va plus dous ſilhonnant
Ses floʒ trętiʒ d'egalęs antreſuitęs,
Qu'Amour m'emeut dę deſireus plęſirs,
D'auis joyeus e dę plęſans deſirs,
E gueyętęʒ pręs a pręs introduitęs.

Bęniʒ deſtins, qui par leurs cours ſęcreʒ
Ont ordonnè dę mes ans les dęgreʒ,
Mę reſęruans a ſi grand' connoęſſancę:
Bęnit çant foęs lę jour qui ręluiſoęt,
E l'Aſtrę ancor qui lę fauoriſoęt,
Quand il mę fut cauſę dę ręnęſſancę.

Alheurs qu'an moę, e an plus dę çant lieus
Iè repris vie: e ſur tout an ces yeus,
Qui aus ſplandeurs dę cę beau cors ecleręt:

Ce sont les yeus, de ma foę le guęrdon,
Tel, qu'obtenir je n'espere nul don
plus assure, que celui qu'iZ decleręt.

Ie veù panser, sans plus, a l'auenir,
Des ans passeZ perdre le souuenir,
E de ma vie au conte les deduire:
Mon songe obscur d'un beau reueilh veincu
Me fęt juger que ce que j'è vecù
Etoęt la nuit du jour qui deuoęt luire.

CHANT.

Amour, voudras tu m'auouer
Si humeinęmant je te nomme?
Te voudras tu lęsser louer,
O grand Dieu, de la voęs d'un homme?

Męs pourquoę ne m'auouroęs tu?
Quand tu ne m'as anflammè l'amę
Que pour lui mouuoęr la vertu
Qu'ęlle te panse e te reclamę?

Si ne peù je que simplęmant
Dire le los de ta hautęsse:
Car la vouloęr dire amplęmant,
Seroęt la mętre a petitęsse.

Le plus de ta diuinite
Qu'on pourroęt conceuoęr ou dire,
Ę't vn point an l'infinite,
Qui par l'antandęmant s'an tire.

Quantes

Quantes foes l'homme cuide auoer
De toe chantè louange haute,
Qu'au point de son plus grand sauoer
Se rand coupable de sa faute!

Du pouuoer, e même du nom,
E de la nature diuine,
L'homme n'an connoèt rien, sinon
Vn image qu'il an deuine:

E moe qu'an pourroe je exposer,
Au pris de cela que j'an ose?
Mes plus tôt, que sauroe je oser
Au milieu d'une si grand' chose?

dirè je le Dieu des dieus?
Veùt on qu'Eternel je t'apelle?
Es tu an Vn, ou an tous lieus?
Es tu Feu ou chose plus belle?

Et ce toe ou qui, que je doe
Nommer le premier de ce monde?
Mes qui èt an ordre auec toe?
Qui tiendra la place seconde?

Le second je ne te di point,
Ancores moins d'un second n'être:
Toe qui es a ce Tout si joint,
Qu'un premier sans toe ne peùt être:

                                    Car

Car ſi du ſouuꝑrein Etant
On veùt ſeparer ton eſſanꞓ,
Toꞓ qui tant peúz , toꞓ qui ꬴs tant,
Quꞓ ſeras tu an cetꞓ abſanꞓ?

O qui ꬴs dꞓ toꞓ ſeul connù !
O tel que tu ꬴs quꞓ j'ignorꞓ !
O a qui mon keur ꬴt tout nu !
O qui ſꬴꝥ combien jꞓ t'adorꞓ !

Quoꞓ ? lors que tu ꬴs au milieu
Dꞓ l'amꞓ a Dieu ſꞓ venant joindrꞓ,
Et cꞓ, an tꞓ comparant a Dieu,
Que tu ſoꬴs quelque choſꞓ moindrꞓ ?

Ou ſi plus tót il faut tenir
Qu'un ſi grand Rꬴnꞓ tu poſſedꬴs,
Quꞓ pour a l'Amour paruenir,
Faut qu'Amour, tu i intꬴrcedꬴs.

Dirè jꞓ quꞓ ton amitie
Nꞓ gouuꬴrnꞓ qu'unꞓ partiꞓ ?
E que du Tout l'autrꞓ moꬴtie
A l'Annꬴmi ꬴt dꞓpartiꞓ ?

Ou bien qu'an cꞓ Rꬴnꞓ demi
Il falſut croꬴrꞓ que tu uſſꬴs
Amitie a ton annꬴmi,
E quꞓ hors toꞓ an toꞓ tu fuſſꬴs.

Dirè je pas bien sans erreur,
Que par l'amoureuse antreprise
De ce Caos la vague horreur
Sa belle corporance à prise ?

Quand ce qui n'etant point, etoèt
An vn desordre si enorme,
Ton amitie lui apretoèt
Si belle e si spectable forme.

O pouuoer d'Amour assure,
D'auoèr sù fere vn Cors d'une Ombre !
Cet Abime auoèr mesurè,
Ce Nul auoèr reduit an Nombre !

Les beaus greins que tu sù semer
Es especes, si bien demeuret,
Qu'iz font les contreres semer
Iusques a tant que les cors meuret.

A qui conuient ce grand pouuoer
Qu'a vne Deïte supreme,
De les fere einsi emouuoèr ?
A qui, Amour, fors qu'a toememe ?

Quand on voèt an cet Vniuers
La haute region e basse,
Terre, eau, er, feu, etez, yuers,
Nui e jours, Amour tout compasse.

                              Quand

Quand on ſe rameine an l'auis
Les ſuſtances qui ſe conduiſet
Deuant, apres e uis a uis,
Sans que point elles s'antrenuiſet:

C'et toe, Amour, ſeul qui le fez,
A toe qu'il faut qu'on l'atribue:
Tant de tes bontez e bienfez
Toute la Machine et imbue.

L'un dit bien, Nature produit:
Ou mieus, c'et de Dieu la facture:
Mes par Amour tout ſe conduit
Vni an Dieu e an Nature.

oh! je crein d'etre trop ardant,
Amour, e que je me tranſporte
An lieu ou je m'alhe perdant:
Ràn moe a moe, e me raporte.

Einçoes ràn moe a celle la
A qui etre tu me commandes:
Ràn moe a elle : car ell' à
Tout ce que de moe tu demandes.

Tu es a tout homme mortel
Comme il te plet lui aparoetre:
E qui te prand pour tel ou tel,
Tousjours panſe te mieus connoetre.

A moe

A moę tu as mis lę final
De cetę beaute qui s'alonge
Depuis lę Soleilh matinal
Iusquęs au lieu ou il sę plonge:

I'an voę les beaus reyons epars
Qui nęſſęt d'ęllę e qui an iſſęt,
Qui croęſęt l'ęr dę toutęs pars,
E au rond du Ciel finiſſęt.

Tout cę que dę toę ję compràn,
Tout cę qu'an moę ję deliberę,
Desja an ęllę ję lę pràn,
Ou dę toę an ęllę l'eſperę.

Dedans ęllę, Amour, ję tę voę,
Dedans ſa grandeur ję tę louę:
An ęllę ję tę jurę foę,
L'adorant, a toę ję mę vouę.

Hors d'ęllę ję nę ſuis point tien,
Hors d'ęllę a tes biens ję n'aſpirę:
Car hors d'ęllę ję nę ſuis rien,
Ię n'antàn ni san ni reſpirę.

Si ton cler feu mę reſplandit
Qui an ęllę luiſant mę randę,
Si mon imagę s'agrandit
Au panſer dę la choſę grandę:

Si ję

Si je peù an cęllę beaute
Mę conformer an quelquę modę,
Si par secręzę privaute
A mon keur ęllę s'acommodę,

Oh que dans moę tu sęras grand,
Qui tę voęrrè si grand an ęllę !
Oh quę mes veuz j'irè sacrant
An placę deus foęs immortęllę.

Męs si dę mon afeccion
Tu lui fęz tout le meilheur prandrę,
Si de moę sa pęrfeccion,
Tirę toujours sans rien mę randrę :

Si tu fęz fondrę mes dęsirs
Dędans cetę flammę alumeę,
Si tu fęz mes obscurs plęsirs
Au feu dęvęnir an fumeę :

Que pourrè je an cę tristę emoę
Qu'an depiter la connoęssancę ?
E detęster (dont gardę moę)
Ta dëite e ta puissancę ?

O moę hors du sans, dę douter
Dę cęlui la qui seul m'assurę !
O moę maleureus, dę bouter
Dędans ma sante, ma blęssurę :

Arrierę

Arriere chagrins, maudiſſons:
Arriere tous moz de blaphęme:
Arriere heinęs, marriſſons,
Arriere de moę, puis que j'ęme.

Vièn, Amour, ſi grand que tu ęs,
Vièn propice, vièn fauorable:
E de tes feuz pęrpetuęz
Flambe moę vn feu pęrdurable.

I I I I.

Le jour qu'il plut aus Cieus me fęrę viurę,
    An ſon Lion Phebus lęuer vęnoęt,
    Ardant Venus, e Iupiter tęnoęt
    Ia tout creintif: ſa Seur lęſſoęt la Liure:
Phenon, etant de ſon rętour deliura
    Dędans l'Archer l'autrę arręt repręnoęt:
    L'Aſtręę, Mars e ſon Stilbon męnoęt.
    Liſez, Amans, je vous ouurę le Liure.
Point nę vous prì que par votrę ſciancę
    Iugez les maus que j'è ou que j'aurè:
    Car des preſans, j'an è l'experiancę,
E les futurs aſſez tót je ſaurę:
    Męs bien jugez (car mon fęt me tranſportę)
    Si mes labeurs pleront an quelque ſortę.

                                              V.

V.

N'atandèz point, Amans, que je declere
  Quel fut le jour de la natiuite,
  Du Ciel elue a ma captiuite,
  La ou le feu feint e secret m'eclere:
Si j'an auoé quelque vrei examplere,
  I'auroé desja sù a la verite
  (N'an soèt Amour ebahi n'irrite)
  Si mes trauaus an fin lui pourroèt plere:
E feroé plus par soin e artifice:
  Mes je me tè: Car je suis maniè
  D'un gouuerneur, duquel le beneficè
Pourra suplir le defaut denie:
  E me pourra randre tel, qu'an emant,
  S'ell' èt vn fer, je serè vn Emant.

V I.

Doè je auancer, ou retirer le pas
  D'amour si haut? qu'i pourrè je aquerir?
  Pourrè je bien ma Dame requerir
  De se demetre, e regarder si bas?
Espoer hardi, qui me sers de repas,
  Desir ardant impossible a guerir,
  Dusse je bien an plein chemin perir,
  Cotoyèz moe au moins jusqu'au trepas.
Car j'è conclu d'ètre si ferme Amant,
  E an ma foe me randre si croyable:
  Qu'ùt elle au keur vn keur de Diamant,
Ie la randrè au dedans pitoyable.
  Que si le froed sort d'un lieu eschaufe:
  I'aurè veincu, au fort, non trionfe.

V I I.

VII.

De jour an jour quitet leur libẹrte
   Mes yẹus, ma voẹs e mon antandẹmant,
   Nẹ cherchans autrẹ obget ni fondẹmant,
   Quẹ votrẹ facẹ, oreilhẹ, ẹr e clẹrte:
Ma mein ẹt prisẹ, e mon pie arrẹtè:
   Sommẹ jẹ n'è pour mon contantẹmant
   Nul pansẹr proprẹ a mon commandẹmant,
   Qu'un sounẹnir dẹ librẹ auoẹr etè.
Fẹtẹs moẹ donq sauoẹr s'il vous agreẹ
   Quẹ ma franchisẹ a vous jẹẹ sacreẹ
   An cet etat: Car si jẹ m'apẹrçoẹ
Par ma memoẹrẹ ẹtrẹ an rien afoẹbli
   Lẹ dous tourmant qu'an sẹruant jẹ rẹçoẹ,
   Iẹ la murè an etẹrnẹl oubli.

VIII.

Dẹ voᴣ clẹrteᴣ l'ẹr serein resplandit,
   Dẹ voz faueurs la Tẹrrẹ dẹuient pleinẹ,
   Les soẹuẹs fleurs nẹssẹt de votrẹ aleinẹ,
   Dẹ votrẹ bruit l'Occan s'agrandit:
Dẹssous voᴣ pas l'herbẹ sẹ reuẹrdit,
   Dẹ votrẹ guei sẹ tapissẹ la pleinẹ:
   Par votrẹ ris an moẹ jẹ mẹ rameinẹ,
   Par votrẹ voẹs mon esprit s'anhardit.
Votrẹ dousseur feẹ mon esperancẹ,
   Votrẹ rẹgard anchantẹ mes souciᴣ,
   Votrẹ parler flatẹ mon assurancẹ:
L'ombrẹ jẹ pràn au frẹs dẹ voᴣ sourciᴣ,
   Puis au reyon dẹ voᴣ yeus mẹ souleilhẹ.
   Quẹ di jẹ? Amour, quoẹ? dór jẹ ou si jẹ veilhẹ?

I X.

IX.

Filèz epars dont Zefirę sę jouę,
  Des meins d'Amour a ma mort delièz,
  Qui plus sutiz ętęs e delièz,
  Plus lę neu sęrrę, e plus tard sę denouę:
L'autrę Soleilh, qui moins luisant s'auouę,
  Quand il vous voęt an son jour deplièz,
  Cachant sęs ręz dę hontę humilièz,
  Rougìt an nuę e l'unę e l'autrę jouę.
Męrueilhę n'ęt qu'einsi par vous ję meurę:
  Car vous nęsśèz, e si fętęs dęmeurę
  An cę haut lieu, qui an perfeccion
Voęt tout obgęt, fors quę ma contęnancę:
  Qui antand tout, fors mon afeccion:
  Qui à dę tout, fors dę moę, souuęnancę.

X.

Lors quę ję voę cetę gracę aśśurę,
  Cę port diuin, cetę majeśtę grauę,
  Cet eulh celeśtę, e cetę alurę brauę:
  Sommę, cę tout, pęrsonnę męsurę:
A qui complęt la Machinę azurę,
  A qui les prez, pour les pas qu'ęll' i grauę,
  Produisęt fleurs quę la rosę lauę
  Au tans vęrmeilh quę l'Aurorę à durę:
Ma prontę bouchę intęrprętę des yeus
  E du panser, O chef d'euurę des Cieus,
  Dìt an criant, si pitie tu auoęs:
Incontinant mę samblę quę sę męlę
  Par l'ęr lę son d'unę celeśtę voęs,
  Lęśśę la moę propicę, a toę rebęlę.

                                    b   X I.

XI.

Quand il me samble ętre tans que j'aſſalhe
   D'exquis propos mon emee annemie,
   Le ſang fuitif leſſe la voęs demie,
   .La couleur blęme : e ſecours au keur balhe.
Pourquoę creins tu que la forçe te falhe?
   Ta foę, mon keur, n'ęt jamęs andormie,
   Ton fort amour d'auęc toę ne ſort mie:
   Le ſang plus tót d'auangarde te valhe.
Foę, repond il, ęt pleine de ſimpleſſe:
   Amour ęt fort, męs c'ęt moę keur qu'il bleſſe,
   E contre lui le ſecours je demande.
Que pleſe aus Dieus qu'un jour ma Dame ſache
   Que celui la n'ard pas d'un' ardeur grande,
   Qui peùt montrer le feu qu'au keur il cache.

XII.

O deus beaus yeus ou mon deſir s'anſęrre!
   Dequez le fil de ma vie ęt pandant,
   E le guęrdon que je ſuis pretandant:
   Auęc lequez j'è ſi peſible guęrre:
Dont la clęrte ſi eureuſemant ęrre,
   Que ſon aſpect beneuole epandant,
   E aus haus feuz ſa vęrtu etandant,
   A' fęt le Ciel amoureus de la Tęrre.
Ce ſont les yeus que j'adore e admire,
   Ce ſont les yeus dont Amour prand ſa mire:
   Męs lui qui sùt de cete haute place
Du premier coup bleſſer mon keur lointein,
   N'an peùt ateindre vn, an ſi longue eſpace,
   Par vn chemin court e droęt e çertein.

                                      XIII.

XIII.

Il nę mę chaut qui plus ſa Damę loue
  Pour la beaute qui les ķeurs par forcę amble,
  Soȩ̀t qu'au fin or lę blond cheueu reſſamblę,
  Ou quę les yeus pour Aſtrȩs on auoue,
Dȩſſouz deus ars d' Hebenę, e chaquę jouę
  Soȩ̀t vn bouton vȩrmeilhȩt, e qu'il ſamblę
  D'un Coural joint, des deus lëurȩs anſamblę,
  E des tȩtins, l'ondȩ au dous vant qui jouę.
Cȩllę beaute dont ma Damę ȩt pouruue,
  Fȩ̀t pȩrdrȩ gracę aus obgȩz dę la vue,
  E nȩ ſȩ peut louer qu'auȩc ſilancę.
Que ſi j'an vëu aucuneſoȩs parler,
  Ię di, ſans plus, quȩ ſa haute excȩllancȩ
  Nȩ ſȩ pourroȩ̀t qu'a ſoȩmȩ́mę egaler.

XIIII.

Commę vn contrerȩ ȩ̀t joint a ſon diuȩrs,
  Le chaud, lę froȩd : lę ſȩc, l'humeur meintient :
  Lę biȩn, lę mal : lę fort, lę foȩblę tient :
  E tout anſamblę acomplit l'vniuȩrs :
Finſi Amour, ſoȩ̀t loyal, ſoȩ̀t pȩruȩrs :
  Soȩ̀t feint, ſoȩ̀t vrei, au Royaumę apartient
  Du grand Eſprit qui les ķeurs antrȩtient,
  An iluſtrant lę droȩt par lę reuȩrs.
L'un an à jogȩ, e l'autrȩ peinȩ e curȩ :
  L'un lę connoȩ̀t pour Dieu, l'autrȩ lę niȩ :
  L'un lę dit fiz dę Venus e Mȩrcurȩ,
L'autrȩ dę Mars : l'un dę Porȩ e Peniȩ.
  Aus vns il ȩ̀t loyal e ſans cautȩllȩ,
  Tel qu'ȩ̀t lę mien, mȩs il à trop haute ȩlȩ.

XV.

X V.

Celui qui fèt aus chans le labourage
  Creint bien souuant les sinès pluuieus:
  Les Mariniers, e mème les plus vieus,
  Par l'Orion ont grand' peur de l'orage:
Qui veùt bátir long e penible ouurage
  Doute l'efort du Tans obliuieus:
  Au pretandant, l'annemi anuieus
  Fèt meintefoès rabeſſer le courage:
Moè qui m'atàn keulhir fruit de ma peine,
  E qui ma Nef è miſe an la Mer pleine:
  Qui ſus Amour veù fère vne fortreſſe,
E qu'a cela mon ſeul deſir conuie,
  Ne crein que vous, qui m'ètes plus mètreſſe
  Que l'èr, que l'eau, que le tans e l'anuie.

X V I.

D'elle il i à aus autres diferance
  Autant ou plus, que n'à l'or de la mine
  Tout frès extrèt, que le feu examine,
  Contre l'Erein de luſtre e d'aparance:
Il ſe produit de ſa grand' preferance,
  Quand dedans ſoè ſi rondemant chemine,
  Infinite de trèz, dont ſe termine
  E s'acomplit vne Circonferance.
E tout einſi qu'an l'ardante chandèlle
  Les luſtres clers ſalhèt du moins beau d'èlle,
  De tout ſon cors ſort vn feu circulere,
Dont la ſplandeur fèt des etoèles l'une:
  E ceus an ont jugemant oculere
  Qui ſont viuans au deſſus de la Lune.

X V I I.

XVII.

Poßible n'ęt quę par eleccion
    Ię remedię a ma perplexite:
    Par forcę j'ęme : e la neceßite
    Tient tout mon tans an ſa ſugecion.
D'autrę cote, ma fortę afeccion,
    Laquelę tient dę trop d'humanite,
    Veut obtenir par importunite:
    E ſi nę peùt ſoufrir correccion.
Helas ! la ſourcę amplę dę mes deſaſtres
    Fùt an mon Ciel radical trop expreßę,
    Quand lę Soleilh aus deus plus benins Aſtres
An Sinę ardant fit ſantir ſon ápreßę:
    Pansèz commant ma fortunę detruiſęt
    Les deus mauuęs, quand les deus bons mę nuiſęt.

XVIII.

Toę qui lę pris an mon amour pretans,
    Regardę i bien, l'antrępriſę ęt hauteinę,
    Fort lę combat, la victoęrę incęrteinę,
    A'prę la voęę,e annuyeus lę tans.
Voę donq lęquel dę mes dons tu contans:
    Mon amour ęt d'Amours vnę fonteinę,
    Qui dę preſans à plus d'unę çanteinę
    Pour randrę a tous leurs merites contans.
Les vns auront du vęrd Lorier la branchę,
    Meinz lę Lięrrę,e meinz l'Oliuę franchę,
    Lę Mirtę ou Chęnę : E brief, tous les bienſęz
Ię reconnoę, ſelon qu'on s'euęrtuę:
    Męs lę rameau qui reſſourd ſouz lę fęs,
    C'ęt lui pour qui meint Amoureus ſę tuę.

b 3   XIX.

XIX.

An ce chemin etroet e raboteus,
  Terre deserte, er trouble e vant contrere
  Me faut marcher, m'arrêter, me retrere,
  E'tre hardi, atandant e honteus?
Tantôt je tièn an l'er vn pie douteus,
  Pour m'ingerer ſi lon me veùt atrere,
  Ou du courrous dangereus me ſoutrere:
  Tantôt m'apuï je a peine ſus tous deus.
Bien aperçoè je vn Ciel cler e ſerein
  Loin pardela vne inconnue roche:
  Mes le fiflant tourbilhon ſouterrein
Me ſet cacher mon feu, quand j'an aproche.
  Ne m'anuièz, o Vans, ce lieu tant beau,
  Trop peu me ſert, ſans guide, mon flambeau.

XX.

Celle pour qui mon keur tant ſe ſoucie
  Met vn protret, e pour tele la pràn je,
  Qui à vn point fini, auquel ſe range
  Chacune ligne an vue racourſie.
Si je la ſàn plus ou moins adouſſie,
  Plus grande ou moins : ce n'et point choſe etrange,
  Non plus qu'a l'culh, einſi comme il ſe change,
  La choſe vue ou moindriz ou groſſie:
Qui toutefoes vne meſure garde,
  An quelque ſorte e ſans qu'on la regarde.
  Oh qui ſera la conduite certeine
Pour me garder que je ne me deçoeue,
  Tant qu'an ma Dame ou voeſine ou lointeine
  Cete beaute an ſon point j'aperçoeue?

XXI.

Onq eulh expert sus quelque table peinte
  Ne fut raui si fort an l'ordonnance,
  Ni docte oreilhe an dousse consonance,
  Que fermete an mon keur j'è anpreinte.
Mes chacun croèt ceci n'ètre que feinte,
  Quand on me voèt hardi an contenance,
  Puis rabesse, lors que j'è souuenance
  Que vree amour ne fut james sans creinte.
Ma Dame fèt ce qui lui plèt de moe:
  Tantót ma face a soe, tantót honteuse:
  Or mon esprit alegre, or an emoe:
Ma foe certeine an moe, hors moe douteuse:
  E me trompans ses yeus tant fiers e dous,
  Ie trompe aussi le jugemant de tous.

XXII.

Amour amer, qui abruuès mon ame,
  Amer de boes, d'ecorce e de racine,
  Dont là liqueur, fascheuse medecine,
  L'androèt plus sein de tout le cors antame:
Ie me pansoè que ton fruit fút vn bame,
  Mes l'arbre, helas, m'an donne maunes sine:
  Voere e ne sè ancores souz quel Sine
  Tu portes fleur, e le fruit je reclame.
Oh que je voè les sesons e journees
  Parmi ton monde ètre mal ordonnees:
  L'un, son annee an l'Autonne commance,
E l'autre perd l'Ete de sa verdure:
  L'un keùt le fruit sans auoèr mis semance,
  L'autre, e c'èt moe, à tousjours la froedure.

XXIII.

Au moins, ma Dame, etant de moę sęruię
  Voyèz combien j'è d'amour e dę foę:
  Meinz vont diſant qu'iz ont pitie de moę,
  Vù les trauaus ou je ſommę ma vię:
Meinz aucontrerę ont deſſus moę annię,
  E ſi nę ſè ou iz trouuet de quoę,
  Fors qu'iz ont peur, einſi comme je croę,
  Que j'ęę gracę an l'eyant deſſeruię.
Or juſqu'ici tant que j'è ù vigueur
  I'e tenù bon contrę ces pitoyablęs,
  E l'opoſant a votrę grand' rigueur.
Aus anuieus fęt mes plęſirs croyablęs:
  Las je vous pri regardèz moę tramblant,
  Qui n'è plus rien de quoę fęrę ſamblant.

XXIIII.

Commant pourroę je auęc la languę dire
  Cę que mon keur nę pùt onq conceuoęr?
  Commant pourroę je aucun bien pęrceuoęr,
  Plein de dęſir, d'ardeur, de doutę e d'irę?
Ma Damę a foę par grand'forcę m'atirę:
  Ęlle m'apęlle, e nę mę vęùt auoęr:
  Ic chęrchę vię an dęſirant la voęr,
  E a la mort ſa vuę mę martirę.
Qui te pourra guerir, o keur dolant,
  Quand tu n'antans ni ton mal ni la cauſę?
  E quel remedę a ton mal violant,
Quand pręs ni loin tu nę peùz trouuer pauſę?
  Or languì donq, puis que tu nę séz pas
  Qui t'ęt meilheur la vię ou le trepas.

XXV.

XXV.

Mon ſeul deſir ſi fort me reconforte,
 Que pour le bien que d'un eſpoer je tire,
 Ialous je crein que ce que je deſire
 Face an venant mon eſperance morte.
I'è le pleſir que la promeſſe aporte,
 Bien tout contant : mes je n'oſeroé dire
 Si ſon efet ſera meilheur ou pire:
 E s'il ſera, quand, ni de quele ſorte.
Or donq, Amour, e rien n'an dut il être,
 Fe moe tousjours de mon eſpoer repetre:
 S'il doèt ſortir efet, depàr le moe,
Pour ne voe'r point acoup mon tout an mein:
 Ou le detrampe au moins de quelque emoe,
 Pour donner mode a ce que j'è d'humein.

XXVI.

Voyant pluſieurs leurs jeuȝ eureus jouer
 Souȝ la faueur d'Amour e de Fortune,
 E moe n'auoe'r que langueur importune,
 E antre joe e peur tousjours nouer:
Ie doute ancor' ſi je doè auouer
 Leur jouiſſance être plus oportune
 Que l'eſpoer ſeul que j'è an l'amour d'une
 A qui du tout me ſuis voulu vouer.
Iȝ ont leur tout qui ne leur croĕtra plus:
 L'eſpoer m'èt part, e gage du ſurplus:
 Puis ce que jeme èt ſus toute valeur:
Dont jus tous biens me ſera l'obtenir.
 Mes je me ràn : d'eſpoer grand, grand maleur:
 Las je n'è rien, mon tout èt a venir.

b 5   XXVII.

XXVII.

Qué doç jé auoèr, quand jé né sè prier?
 Plus tót je Veù jouir du bien prospéré,
 Plus tót je dì, il Vaut mieus que j'espéré:
 Puis esperant, jé creìn dé m'i fier.
C'ét grand plésir de mé voèr Varier,
 E contampler l'humeur qui me tampéré:
 Lé mal, lé bien, eins que nul d'eus m'aperé,
 Tous deus les Veù ansamblé aparier.
Oh que jé suis anuérs Amour coupablé!
 Oh que jé suis de peu dé bien capablé!
 Ie creìn Vu trop qui ancorés n'ét rien,
Ancontré moé jé me mé an defansé,
 Iè peur qu'Amour mé facé trop dé bien,
 E de ma peur moémémé jé m'ofansé.

XXVIII.

Fortuné, Amour e Vértu par deduit,
 Désir, labeur m'ebranlé, anflammé & dressé:
 E d'un hazard, agulhon e adréssé
 Mé tient suspans, mé point e mé conduìt.
Lé sort, lé zélé e lé guérdon m'induìt
 A Vne peur, Vne foé, Vne ápréssé,
 Voyant la feinté, akeulh e alegréssé,
 Qui m'antrétient, me conuié e mé suìt.
Or sus, faueur, gracé, pérseuerancé,
 Fétés ansamblé acord pront, franc e férmé:
 E me donnéz moyen, causé, assurancé
D'eur, joé, honneur: e Veulhéz métré térmé
 A l'aspirer, languir e andurer,
 Me fésans croétré, étré emé e durer.

XXIX.

XXIX.

Si je connoé ce qui me fèt tirer
  Ce deulh mortel, c'ét inhumanite
  D'emèr ma mort : sinon, c'ét vanite
  A vne chose inconnue aspirer.
Or cesse donq, mon keur, de desirer:
  Impossible èt a ton indinite
  De joindre a soe si grand' diuinite:
  Contante toe, sans plus, de l'admirer.
Non, j'è maldit : eme, prie e persiste:
  An ces poinz la ton eur git e consiste,
  Si l'admirer si fort te doèt repétre:
Car par amour l'afeccion s'eueilhe,
  L'afeccion connoessance fèt nétre,
  La connoessance acroétra la merueilhe.

XXX.

Que me sert il qu'an pleignant je l'aborde?
  Assez voèt elle au front ma peine ecrite:
  Que par courrous je la fasche ou irrite?
  Il n'èt orage ou vant qui la deborde:
Que mon seruice e tans je lui recorde?
  Ses grans beautez couuret tout mon merite:
  Que de mesure vn chant je premedite?
  A mes acors son oreilhe discorde:
E n'auons pes, sinon quand ses valeurs
  Font aliance aueques mes maleurs.
  O Ciel, auteur de cete inimitie!
Iames n'aurè je autre ocupacion,
  Que de chercher e rechercher pitie
  An celle la qui èt sans passion?

XXXI.

XXXI.

Ioęę, dęfir, ęfpoęr, creintę, tous quatrę
  Sont les coureurs qu'Amour fans fin pourmeinę
  Parmi lę mien, di ję, lę fien dommeinę:
  Męs qu'il fęt bon les voęr an moę fę batrę:
Ioęę hors moę an l'ęr m'anuoęę ebatrę,
  Dęfir au loin, an haut, par tout mę meinę:
  Ęfpoęr a moę des ęrreurs mę rameinę:
  Creintę me vient jufquęs an tęrrę abatrę.
Ioęę au milieu dę tout mon bien mę męt,
  Dęfir m'an otę, e dę tout bien mę priuę:
  Ęfpoęr n'à rien, męs tout il mę promęt:
Creintę mę montrę vn ręfus qui arriuę.
  Dę ma prifon voęla les quatrę fęrs,
  Ou mieus, les quatrę horreurs dę mes Anfęrs.

XXXII.

Cę quę pour vous e dę vous ję ręcoę,
  Tout m'ęt plęfant : les hazars mę font feurs,
  La guęrrę pęs, amęrtumęs doufeurs,
  Dędans voz laz ma franchifę apęrçoę:
Dę tous cotęz bon augurę conçoę,
  Ię mę gueri par voz yeus mes blęfeurs,
  Pour vous nę crein la pirę des troęs Seurs,
  Tant votrę amour mę fęt fęrę pour foę.
Męs vous fans fin fętęs a efciant
  Nouuęl efort a mon keur paciant:
  E lę voulant a jamęs martirer,
Lui anchantęz fon goút e fon dęfir,
  A fin qu'einfi lę mal qu'il doęt tirer
  Tousjours lui famblę ętrę vn bien grand plęfir.

XXXIII.

XXXIII.

L'euilh, dont le tręt va au loin e haut montę,
  Ę't fęt pour voęr le Celeste artifice:
  L'ame ęt de Dieu souuerein benefice,
  Pour toujours ętre a le contampler prontę:
E toutefoęs sans scrupule e sans hontę
  I'è consacrè des deus l'antier ofice
  A votre amour, voęre è fęt sacrifice
  De tout moęmęme, e si n'an tenèz contę.
Moę, je merite an ętre dispansè:
  Car vous voyant, voęr an tęrre è pansè
  Vn cler Soleilh, des Cieus vn haut chefd'euure,
Des Dieus le soin, le miroer e sciance:
  Męs vous, soufrèz que la fin vous dekeuure
  Plus sans pitie, que moę sans consciance.

XXXIIII.

Ic pansę bien que c'ęt ma destineę
  Qui souz le jou me fęt le col plier,
  Ou je ne fę que geindre, eins que crier,
  Par paciance ardante e obstineę:
Męs la auſſi toutę s'ęt anclineę
  Ma voulonte, sans i contrarier:
  Soęt que le Ciel veulhe ou non varier
  L'intancion sur moę determineę.
Or suis je fęrme, atandant de sauoęr
  Par vous, quel ęt celui fatal decręt:
  Car bon ou non, e s'il doęt force auoęr,
De quoę vous sęrt de le tenir sęcręt?
  Puis que je veù prandre an gre e apoint
  Tout deplęsir, fors ne vous emer point.

XXXV.

XXXV.

Depuis yn tans mes soupirs passagers
 Tous seuz ont pris l'ofice an depit d'eus
 De decouurir mes pansemans piteus,
 E plus n'an sont mes yeus les messagers:
Eins tous creintiz, de regars etrangers
 Vont repessant leurs rez necessiteus:
 Tandis les pleinz du keur soliciteus
 S'an vont vers vous, pour sonder les dangers.
Donq atandez, mes yeus, que nous eyons
 Quelque samblance a notre vnique Dame,
 Si possible et : e alors voz reyons
Pourront antrer au parfond de son ame:
 Mes vous, soupirs, la ou je vous anuoee
 Aler vous faut, vous n'auez autre voee.

XXXVI.

Plus m'et promis, moins de profit m'an sort:
 Moins je merite, an plus haut lieu j'aspire:
 I'aprouue e voe le mieus, e pran le pire:
 Au seur je vise, e si me fie au sort.
Moins on m'amploee, e plus m'ingere fort:
 Autrui soutien, contre moe je conspire:
 An autrui cors je me meù e respire,
 Dedans le mien je suis transi e mort:
L'annui m'andort, le repos me reueilhe:
 I'atàn la fete, e veù mourir la veilhe.
 Amant, tu viz, tu languiz e tu meurs
Par ton vouloer, ta douté e ton refus:
 Soufriras tu tousjours que quatre hume urs
 An tes desirs te facet si confus?

XXXVII.

XXXVII.

L'anfant Amour, an l'antique seson
  Tout au milieu du keur fit eriger
  Vn cabinęt, se voulant obliger
  A Fęrmęte qui tenoęt la meson:
Męs tót apręs, cuidant ętrę an prison,
  Tout indispos se vint, pour d'ęr changer,
  Au blond Cheueu, puis au Tętin ranger:
  Puis haut ę bas chęrchę sa guerison.
Ic suis, dit il, pętit e sans clęrte:
  Mon siege aus yeus ęt le plus pęrtinant,
  La bouchę ęt pręs, lieu plein dę libęrte:
Ces deus flambeaus an lieu si eminant
  Mę sęruiront dę lumierę e d'androęt
  Proprę pour l'hommę au keur fraper tout droęt.

XXXVIII.

Ęllę veùt bien me tuer tout viuant,
  Męs non si tót par mort mę ferę viurę:
  Car ję, qu'Amour dę paciancę anyurę,
  Sa grand' rigueur ilustrę an poursuyuant.
D'autrę cote, sa rigueur etriuant
  A mon dęsir, nourrissęmant mę liurę:
  Einsi, dę moę si ęllę se deliurę,
  D'un proprę obgęt ęllę s'ira priuant:
Car le plęsir qui plus la peùt repętrę,
  C'ęt dę plus durę e plus rigoreusę ętrę.
  Puis ęllę sèt quę, fors moę, hommę aucun
Nę seroęt tant, sans du jou s'annuyer:
  E sèt ancor' qu'il n'y an auoęt qu'un
  Qui sùt si bien ce contrerę apuyer.

XXXIX.

XXXIX.

Me detournant de la publique voẹe,
   Comme pieça suis deuenu farrouche,
   Deſſouⁿ vn roc premier vù je me couche,
   La ou Amour nouueaus panſers m'anuoẹe.
La mon eſprit an ma Dame foruoẹe,
   La a pleſir je contample ſa bouche,
   Touchant ſa mein ſans que ſa mein me touche,
   Voyant ſon eulh ſans que ſon eulh me voẹe.
Que voulez vous ? an cet exil pleſant
   De mon erreur je me vá apeſant:
   Puis reuenu, an moẹ tout triste e blẹme,
Merueilhe n'ẹt, di je, ſi tant d'emoẹ
   Ie peù auoẹ'r quand je ſuis an moẹmẹme,
   Vù que je ſuis ſi eureus hors de moẹ.

XL.

Ie m'anhardi de lui dire, quand ẹtce
   Qu'il vous plera de quelque eulh regarder
   L'annui que j'è pour amour vous garder?
   Elle repond de raſſiſe hauteſſe,
Quand pour m'emer, de hardie viteſſe
   Vous aurè vù a la mort haʒarder,
   Ie me pourrè adonq perſuader
   L'afeccion de votre humble triſteſſe.
Bien donq, ma Dame, il reste que j'eliſe
   La mort qui tót mon nom immortaliʒe,
   Puis que ma foẹ ne peùt ẹtre aprouuee
Que par ma mort: Mẹs il demeure a l'ame
   Vn grief remors, que vous ſoiez trouuee
   De ma grand' gloẹre auoẹ'r vn plus grand blame.

XLI.

XLI.

Plus n'ęt bęſoin que ces beaus jours je nombre
  Qui m'etoęt lons, prefis a mon ſeul bien:
  Iz ſont finiz, je n'eſpere plus rien
  (O jours trop cours!) fors la mort pale e ſombre.
Ie ſuis le cors m'oſuſcant de mon ombre,
  M'otant le jour de ce beau Soleilh mien:
  E au dęuant de mon repos je ỹièn,
  Rompant mon eur pour heurter mon ancombre.
Pourquoę dirè je? Amour, lęſſe moę terę,
  Lęſſe mon keur ętre mon ſęcreterę.
  O combien ęt eureus ỹn eſperer!
E de combien l'homme ſon mal rangrege,
  Qui ne pouuant ſon ſauoęr diferer,
  Le tans par force a ſa fortune abrege!

XLII.

O Ciel puiſſant! o Vniuęrs immanſe!
  O Tout qui ęs anclos an ta rondeur!
  O hauteur clerę! o noęre parfondeur!
  O Vn! o deus, dont tout l'Euurę commance!
O mouuemans! o premierę ſemance!
  O! ſi je ſuis de toute la grandeur
  Quelque ſeul point, que j'ęe aumoins tant d'eur,
  D'auoęr ma part d'un ſeul point de clemance.
Brule mon feu, o feu plus vęrtueus:
  Neyęz mon eau, o floz plus fluctueus:
  Reuange moę de l'Ęr, o Tęrre gloute:
Reuange moę, o Mort, de cęlle la
  Qui de pitie n'à ỹne ſeule goute,
  E tant ſe plęt a pęrdre ce qu'ęll' à,

C   XLIII.

XLIII.

Mon pôuré keur plus mort que languiſſant
  Ia tous panſers, fors votre nom, oubliĕ:
  Le triſte ſon de ma languz afoȩbliĕ:
  Par l'ȩr prochein s'antrȩront an iſſant:
E tant qu'il pèut, tel qu'il ȩt, languiſſant,
  Vne moȩtiĕ de ſa vȩrtu publiĕ:
  L'autrĕ ȩt au keur, qui d'ouir vous ſupliĕ
  Par votre nom ſa viĕ finiſſant.
Que ſi cela vous ſamblĕ trop grand' choſĕ,
  D'ouir celui qu'ancor' n'ouitȩs onq,
  Iȩtȩz, pour tout, aprȩs ma bouchĕ cloſĕ
Votrĕ eulh ſus moȩ : e vous dirȩz adonq,
  De milĕ mors, dont il mouroȩt, pour lui
  La moins amerĕ ȩt cȩllĕ du jourdui.

XLIIII.

Votrĕ pitiĕ vous auȩz etanduĕ,
  Quand vous à plù, non point ſus ma langueur:
  Languir n'ȩt plus, quand d'extrȩmĕ longueur,
  La mort ȩt prȩtĕ, e non plus atanduĕ:
Ni ſus mes pleurs : car ja s'etoȩt randuĕ
  L'humeur tariĕ a votrĕ grand' rigueur:
  Ni ſus ma voȩs : car toutĕ ſa vigueur
  Etoȩt an l'ȩr, piecĕ auoȩt, epanduĕ:
Brief, ni ſus moȩ, qui n'etoȩ plus : ſinon
  Qi Amour par mort út fȩt viurĕ mon nom.
  Mȩs vous m'auȩz frapĕ de cetĕ ateintĕ,
Pour voz rigueurs de ma viĕ nourrir:
  E auȩz fȩt par vnĕ pitiĕ feintĕ
  Non vn mort viurĕ, eins vn viuant mourir.

X L V.

XLV.

L'ardant esprit tousjours tel qu'il souloèt,
  L'autrhier, pour mieus an amour s'aquiter
  (Si mieus ut pù) etoèt prét de quiter
  Le pesant fès du cors qui le fouloèt:
Incontinant, ma Dame, qui vouloèt
  Avoèr l'honneur de me ressusciter,
  D'un seul regard l'ét venù inciter
  A demeurer einsi qu'il s'an voloèt.
Donq' que sera ce? au cors l'esprit s'annuie,
  Voère e au cors il ne chaut qu'il s'an fuie:
  E toutefoès, nonostant leurs acors
Leur mal, leur viure ansamble ét alongè:
  Andurèz donq', Esprit quand e le Cors,
  C'ét a ma Dame a vous donner conge.

XLVI.

An languissant pres de votre beaute,
  Qui ambellit la lumiere du Monde,
  Dont je ne voè que les rez a la ronde,
  Temoins hardiz de votre royaute,
Ie ne vous peù blamer de cruaute:
  Car an blaphème Amour point ne se fonde:
  I'osé, sans plus, quand les deus pars je sonde,
  Mètre an auant mon humble loyaute.
O beau Soleilh, cachèz votre splandeur
  Si vous pouuèz, de peur que j'an jouisse:
  Ou permetèz qu'elle par sa grandeur,
Auec mes yeus la vie m'eblouisse:
  Car par ses rez votre face emer j'osé,
  Par votre face, ancores plus grand' chose.

C 2

XLVII.

Ma facę ęt humblę, e ma couleur ęt blęmę:
    Mon keur an deulh, mon eulh an larmęs fond:
    Mes piteus criz a tous grand' pitie font
    Fors a ma Damę, e ancor a moęmęmę.
Mon amour ęt an son dęgre supręmę,
    E mes dęsirs d'heurę an heurę sę vont
    Renouuelant, e tour succęßif ont,
    Ię vi d'ardeur, ję meur dę froęd extręmę.
Quand sęras tu, o mon amę, acomplię
    An tes dęsirs, commę an amour tu ęs?
    Au Ciel acoup volęroęs anoblię,
Ciel gardien des nons pęrpetuęs,
    Qui sę sęsit, commę Signeur e mętrę,
    De cę qui ęt lę plus grand qu'il pèut ętrę.

XLVIII.

Tu mę rans bien, Dieu quę tant j'è ręquis,
    Mon deseʃpoęr e mon maleur notoęrę,
    Quand tu ne peúz toęmęmę auoèr victoęrę
    Sus cęllę la par qui tu mę veinquíz
Pràn, il ęt tans, quelquę moyen exquis:
    Ou autręmant sus toę ęllę aura gloęrę,
    Vù quę desja ęllę sę fęt a croęrę
    Qu'ęllę tę gagnę, e sans toę m'à conquis.
Quę si tous deus vous auèz proposè
    Dę butiner cę peu qui mę demeurę,
    Fętę's le donq, tout vous ęt exposè,
An pęrmętant seulęmant quę ję meurę:
    Si n'atandèz quę croęʃʃę lę partagę,
    Moę etant fęrmę, e viuant dauantagę.

XLIX.

XLIX.

Tant que voudrèz par rigueur e liçance
  Vous pouuèz fere anuers moę ce Protee,
  Comme feſiez, eprouuant la portee
  De mon amour lors an adoleſſance:
Car moę, de qui an preſance, an abſance
  L'afeccion ne s'ęt point deſiſtee,
  Sere tousjours l'obſtine Ariſtee,
  Pour vous choeſir an votre vrę eſſance.
Mon keur pieça je vous fi aparoętre,
  Ne vous emant ſinon pour vous connoętre.
  Deurè je donq ętre dit importun,
Pour vouloę'r voę'r d'eulh ferme votre face,
  De tel ardeur, qu'androęt moę c'ęt tout vn
  Vous contampler e ętre an votre grace?

L.

Au tans qu'Amour ſa racine ancor tandre
  Prenoęt an moę, mon humide natif
  Me feſoęt franc, verd e vegetatif,
  E an haut er me prometoęt m'etandre,
Męs le tans froęd autre plì m'à fęt prandre,
  Tans ſus mon keur an vein vindicatif:
  Remis, panſif, e mile foęs captif,
  E a moęmęme odieus m'à ſu randre.
Plus je deſſè'r, e plus me croęt la honte
  De demander: voęre e priſe beaucoup
  Ce, dont alors je feſoę peu de conte:
Męs je vous prì vous ſouuiene vn bon coup,
  Que plus Fortune e le Tans ſe demant,
  Tant plus je ſuis an amour vehemant.

L I.

Voyèz combien mon esperancé ét tardé:
Ie n'è d'Amour autre joeé ancor prisé
An cete longue e hauteine antreprisé,
Fors que ma Dame vn petit mé regardé,
Quand elle croèt que ié n'i pràn pas gardé:
Puis tout soudein mon plesir elle brisé,
Rebessant l'eulh : e si elle ét surprisé,
Mé fèt samblant que c'etoèt par megardé.
Donq si ancor il né m'ét arriué
Dé receuoèr vn regard de franc eulh,
Quand doè ié auoèr ce dous parler priué,
E puis ce don de fauorable akeulh?
O qu'eternez sont mes futurs regrez,
Si son amour và par egauz degrez!

L I I.

I'etoé d'annui desja presque recrù,
Quand cellela que ié crein, e reueré
Mé dìt, sans plus, anduré e perseueré,
Dont tout acoup le courage m'ét crù,
Atandant voèr ce que j'è tousjours crù,
Que le long tans tout deconuré e aueré,
Adoußit tout, tant soèt rudé e seueré,
Digeré tout, tant soèt fort, dur e ſcrù.
Ces deus beaus moz mé donnet a panser
Qu'elle à vouloèr dé me recompanser,
Mémé qu'elle ét de mes labeurs contanté:
Ces deus beauz moz si dispos mé font étré,
A bien emer, que de la seulé atante
Tout mon viuant ié mé pourroé repétre.

LII

LIII.

La chaleur viue an mes eſpriʒ difuſe
   Mon trop d'humeur à preſque conſumè,
   Pour quelque jour me randrʒ acoutume
   A la ſplandeur qui me doèt étrʒ infuſʒ:
Mꞓs ma panſee ancor vn peu confuſʒ
   Samble au tiſon, qui ancor anfume,
   Tantót eteint, tantót ét ralumè,
   Pour la verdeur qui, la flamme refuſʒ.
Mꞓs d'ou viendra cet agreable vant
   Pour eclꞓrcir ce mien deſir fꞓruant?
   De vous, ma Damʒ: e ancorʒs qu'il viene
D'autre faueur, quand il ſera venù,
   N'eyèʒ pas peur que d'autrʒ jʒ le tienʒ,
   Tant jʒ veù étrʒ a vous de tout tenù.

LIIII.

Quand il vous plꞓt votrʒ celeſtʒ face
   Sur moꞓ ouurir, vous fꞓtʒs ſautʒler
   L'eſprit rantrʒ, e s'i renouuꞓler
   Milʒ pleſirs qui s'antredonnet place.
Commʒ l'on voèt des preʒ l'uni eſpace,
   Quand le Soleilh qui ſe vient decꞓler
   Fꞓt la Roſeʒ au plein etincꞓler,
   Qui d'eulh an eulh eclerʒ, e puis s'efacʒ.
Puis quand de vous m'elongnʒ tant ſoꞓt peu,
   Eins vous de moꞓ, qui lꞓſſer nʒ vous peù,
   N'eſtimant mien lʒ cors qui s'an abſantʒ,
L'eulh ja raui de votre grand' lumierʒ,
   N'oſe auiſer beaute qui ſe preſantʒ,
   De peur de nuirʒ a ſa joꞓʒ premiere.

LV.

Cete grandeur, quand elle se fęt voęr
 De toutes pars si bęlle e acomplie,
 Ne samble point pouuoęr étre ramplie
 De dons qu'on puiffe au monde conceuoęr:
Męs quand a part je vièn aperceuoęr
 Les dons diuins dont elle ęt anoblie,
 Je di (e lors mon premier sans j'oublie)
 Qu'il n'ęt grandeur qui les pút receuoęr.
Cet infini a vn fini reffamble,
 L'innumerable an vn tout se raffamble:
 Ses grans beautez s'antreuont honorant,
Dont je suis seur, par fęrme conjeĉlure:
 E dont me tièn fauammant ignorant,
 E m'an repęt la viue protręture.

LVI.

Or cęßèz tous votre ebahiffemant
 De me voęr vif apręs cęlle journee:
 Le męme efort vigueur m'à redonnee
 Qui auoęt fęt mon amortiffemant:
Car pris mon keur d'un dous rauiffemant,
 La beaute viue an vn keur s'ęt tournee,
 Prenant du mien la place abandonnee:
 E m'à randù vie e nourriffemant:
O dous efort, qui tel guein me fęt prandre!
 M'otant a moę, pour mieus a moę me randre,
 Me departant, pour mieus me raffambler.
Me puiffes tu tousjours einfi atrere,
 Toę qui me fęz, Amour, si bien fambler
 A ce que plus j'eĉtimoę mon contrere.

LVII.

D'amęs ęllę à vnę sourcę fecondę:
　Cetę Beautè au cors ęt la premierę:
　Dę la Beautè, lę Sans ęt la lumierę:
　An cę grand Sans vn haut sauoęr abondę:
Lę Sauoęr ęt animè dę Facondę,
　Gracę e Sagęssę : E an cetę manierę,
　Il nę s'an trouuę an ęllę dę dęrnierę,
　Quand chacunę amę a son amę secondę.
Dę tout cęla sę fęt vnę Princęssę
　Amę celeste, au large repandue,
　Qui dę s'acroętrę e sę mouuoęr nę cęssę,
Tant qu'ętęrnęllę ęllę sę soęt randue,
　Porteę au Tans sus l'ęlę dę la Famę,
　Qui an ęllę ęt des amęs la grand'amę.

LVIII.

D'un franc jouhęt Naturę dęsirant
　Voęr vn chefd'euurę au point lę plus parfęt,
　Cę beau visagę an cę beau cors à fęt,
　Tel, qu'ęllę męmę an lui sę và mirant:
E telę foęs son ouuragę admirant,
　D'un rępantir d'auoęr trop satisfęt
　A son dęsir, e surmontè l'efęt
　Dę son pouuoęr, và dirę an soupirant,
Donq, peu ję auoęr vnę chosę acheueę?
　È ję vnę fin ou dęmeurer ję doè?
　Mę suis ję point d'atantę resęrueę
Dę fęrę mieus? Naturę, apęsę toę:
　Tu n'as pas fęt ancor ton dęrnier euurę:
　Keur sans pitie vn grand defaut dekeuurę.

C 5　　　　LIX.

LIX.

Amour puiſſant qui mę ront e diuiſe,
   Mę fęt cherchęr dę moę la part meilheurę,
   E la cherchant, ję lamantę, ję pleurę:
   E quelquę foęs tout dę loin je dęuiſe,
O keur pęrdu, ſi bon eur tę rauiſe,
   Obtięn moę pęs an ta longuę dęmeurę,
   Ou reuièn tót, afin qu'antier ję meurę:
   Amour mę frapę, e c'ęt a toę qu'il viſe.
Amour tę frapę, o bien folę ſimplęſſę!
   Repond lę keur: C'ęt moę, c'ęt moę qu'il blęſſę,
   Dę ſi fiers cous, quę lę moins pęſant d'eus
Sant bien la mein d'un cruęl annęmi.
   Męs qu'ęt cę ci? ję parle commę deus,
   E toutęfoęs ję ſuis moins que dęmi.

LX.

Au tans premier dę mon ardantę quętę,
   Que ję metoę mon annęmię an fuitę,
   Cę mę ſambloęt, moę hardi a la ſuitę
   Mę prometoę dę fęrę ma conquętę:
Męs meintęnant qu'an pieʒ ęllę s'arrętę,
   Mon keur acoup dęmeurę ſans conduitę,
   E mon ampriſę a ſon neant reduitę,
   Moę depouruu an mon heurę plus prętę.
La regardant, ſurpris e epęrdu
   Parler, meintien e auis j'è pęrdu:
   E nę ſè plus que j'è, ni quę ję quièr,
Du deulh creintif qui mę vient circuir:
   Tant qu'a Amour tout trouble ję requièr
   Que, commę alors, il la face fuir.

LXI.

LXI.

Mes voyèz la pompeusemant marcher,
 Voyèz ce front benin si brauemant,
 Voyèz cet eulh humble si grauemant,
 Montrant dehors ce qu'il samble cacher:
Regardèz la si guee se fascher,
 Oyèz ces mot rigoreus soguemant,
 Léquez me font trepasser viueniant,
 Plantans mon keur pour soudein l'arracher.
Elle e le Ciel paransamble plesantet,
 E a l'anui des dons s'antrepresantet:
 Elle an reçoèt e an rand d'aussi beaus,
Clertez, beautez, graces iz s'antr'aspiret:
 Lui a ses yeus, e elle a ses flambeaus,
 E contre moe, ce pandant, iz conspiret.

LXII.

Ia tant de foes à etè a〈l〉usè
 Mon fol espoer : e si n'et point dispos
 D'oranauant a me donner repos,
 Qui le meilheur du tans i è vsè.
Lors que je veù fere vn peu du ruse,
 Feignant fuir ces durs e griez impos
 D'elle e d'Amour, je suis d'un dous propos
 Songe e court pour long tans amusè.
Veûz tu auoèr, ce dì je an moe, perdù
 Le fruit des ans amployez qui t'et dù?
 Einsi tousjours an seruice je vì:
Car je m'apese, eyant mon frein rongè.
 Amour, tu es de moe trop bien serui,
 Mort, non pas toe, me donnera conge.

LXIII.

LXIII.

O boęs epęs d'horrible solitude!
　O animaus de vię sanguinerę!
　O demirond du moindrę Luminerę!
　O dę cę tour l'ordrę e vicißitudę!
O voęlę obscur, qui a la multitude
　Donnęs rępos dę sa peinę ordinerę,
　A tous Amans, fors a moę, debonnerę!
　O vręis temoins de ma solicitude!
O Ciel cęrtein, qui nous donnęs a lirę
　Lę mal, lę bien, le contantęmant, l'irę,
　(Quand noz ęspriz nę font point a malęsę)
Qui aus Amans font dę long tans prescriz!
　Quę veù je? rien, fors qu'il nę vous deplęsę
　Dę mę lęsser ici fęrę mes criz.

LXIIII.

Ie m'ebahi quand ję meùr si souuant,
　E que je n'è de viurę plus afęrę,
　Qu'il nę sę peùt dę tant de mors parfęrę
　La mort dęrniere a ce mien cors mouuant.
Quel feu, quel ęr, quelę humeur ou quel vant
　Mę peùt einsi tant de vięs refęrę?
　E maugre moę sans cęssę satifęrę
　A m'animer, dę mourir si fęruant?
Ces yeus fecons dę tręz qui donnęt vię,
　De tręz ancor tous propręs a tuer,
　Mę font de viurę e dę mourir anuię,
Mę font perir pour mę reſtituer:
　E ne sàn point toutęfoęs quę je viuę,
　Fors quand la mort de la vię mę priuę.

L X V.

LXV.

D'oranauant an oubli je̍ ve̍u me̍tre̍
  Ce̍ que̍ j'è pù an se̍ruant meriter:
  A vo̍z rigueurs je̍ suis prȩt de̍ quiter
  Ce̍ que̍ votre̍ eulh me̍ sùt onque̍s prome̍tre̍:
Desapre̍sant je̍ conclu me̍ deme̍tre̍
  De̍ cet espoȩr, qui souloȩt m'inciter
  A votre̍ amour, e m'i exerciter.
  An libȩrte̍ du tout me̍ ve̍u re̍me̍tre̍.
Amour se̍ rit, ecoutant mes beaus ve̍uz:
  C'ȩt donq einsi, dit il, que̍ tu le̍ ve̍us:
  Ce̍ dit, je̍ sàn mon keur qui s'an re̍uole̍,
E qu'an l'instant vous l'aue̍z̍ renoquè.
  Einsi Amour d'un prȩt court e friuole̍
  De̍ mes de̍uis an mon keur s'ȩt moquè.

LXVI,

Que̍ t'è je̍ fȩt? aumoins que̍ je̍ le̍ sache̍,
  Crue̍l Tiran, Amour mal reclame,
  Qu'apre̍s m'auoȩr ouue̍rt e antamè
  L'innoçant keur e le̍ flanc qui le̍ cache̍,
Ta cruaute par morse̍aus le̍ m'arrache̍.
  O Dieu de̍ sang e de̍ chȩr afame,
  As tu le̍ Dieu des meurdre̍s desarmè,
  Pour te̍ se̍sir du tranchant de̍ sa hache̍?
Ou si tu e̍s l'Oȩse̍au, qui an rong'ant
  Au keur ronge va la vie̍ along'ant?
  Mon humble̍ keur meudrì donq e deuore̍,
Si t'aque̍rras gloȩre̍ d'auoȩr etè
  Mon faus Sìgneur, e mon vrȩi egle̍ ancore̍:
  Moȩ ton vrȩi sȩrf, e ton faus Promete. .

                        LXVII.

LXVII.

Elle m'auoèt un jour mon keur randù,
　　Non pas randù, pretè : que doè je dire?
　　l'auoè mon keur : E moe fier, e de rire,
Comme d'un don des haus Cieus deſçandu.
Mes (o dur prèt!) je l'è brieuemant dù:
　　Car tout ſoudein elle a ſoe le retire,
　　Puis le me geine, e puis le me martire:
　　Ris maleureus, que tu m'es cher vandù!
Que panſoèt elle? eprouuer la meſure
　　De moe ſans keur e de moe keur eyant?
　　Non : mes plus tôt ſe payer de l'uſure
D'un mien ris brief, e me ferè croyant
　　Que je ne doè ni peù ni veù ni oſe
　　Sans ſon conge panſer aucune choſe.

LXVIII.

Tant plus je ſèr e plus deuient rebourſe
　　Mon eſperance : E ſi n'è onq taſchè
　　Par force a voèr ce lien delaſche,
　　E moins ancor me ſauuer a la courſe:
Laquele auſſi m'èt inutile, pource
　　Qu' Amour au front un merq m'à atachè,
　　Qu'on connoètroèt, e fuſſe je cachè
　　Sous les rochers les plus voeſins de l'Ourſe.
Mieus donq me vaut an bien ſeruant mourir,
　　(Mort an tous poinz plus honorable e belle)
　　Qu'an forfeſant, le ſuplice ancourir
D'homme fuitif, ou bien d'homme rebèle:
　　Car bien que plus je ne doeue étre libre,
　　Si tien je ancor de l'ancien calibre.

LXIX.

LXIX.

Ce verd Printans, portier de la Nature,
  A son retour m'ouvre e me represante
  Tous les auis de tristesse presante,
  E le rebours de toute creature.
Auant que l'ame ût pris d'Amour pâture,
  Elle vinoèt de tous anpuiz exante:
  Or plus il n'èt possible qu'el' se sante
  D'aucun plesir : e même n'an à cure.
La rosee èt l'image de mes pleurs:
  De mes hauz criz, les ogseaus qui fredonnet:
  Mon deulh tout verd gete nouuelles fleurs,
Qui de leurs fruiz la promesse me donnet.
  Somme, il n'èt joge au monde si prospere:
  Dont vn efet contrere an moe n'apere.

LXX.

De vie e mort par tour me faut nourrir:
  L'espoer trompeur, viuant me fortifie:
  Le dur traualh, la mort me sinifie:
  La mort me nuit, me voulant secourir:
Car quand sur moe je l'auise courir,
  Tant an la fin de mes maus je me fie,
  Que la grand' joge acoup me viuifie:
  Einsi ne peù ne viure ne mourir.
Viuant je meùr, pource je ne peù viure:
  Mourant je vi, pource mort ne me prand:
  Ma triste vie a mort joyeus me liure,
Ioyeuse mort a la vie me rand.
  An cet etat, sus l'incessante roue
  Amour de moe, par vie e mort se joue.

LXXI.

LXXI.

Fauße eſperançe, e creinte veritable:
 Iuſte requęte, obtenir impoßible:
 Haute volee, e lieu inacceßible:
 S'ętre nuiſant, a autrui profitable:
Iuſte merite, e reproche equitable:
 Fœble pouuoęr, e deſir inuincible:
 Langue exercee, e panſer indicible:
 Keur innoçant, ſuplice ineuitable,
Voęla qu'Amour pour ſa derniere preuue
 Fęt deſſus moę. O Amans mal contans,
 Ne creignèz plus qu'anuęrs vous il s'emeuue.
D'oranauant vous aurèz meilheur tans:
 Impoßible ęt, pour l'efort qu'il m'à fęt,
 Qu'il ne ſoęt las, trop eſé, ou ſatifęt.

LXXII.

Plus mes deſirs an amour réuęrdiſſet,
 E moins ęlle ęme, e moins de moę lui chaut:
 Plus mon courage ard an extręme chaud,
 Plus les panſers d'ęlle ſe refroędiſſet:
Plus mes eſpriz veilhet e s'anhardiſſet,
 E plus de moę le ſouuenir lui faut:
 Tant plus ma langue a ęlle parle haut,
 E plus ſes ſans dormet e s'aſſourdiſſet.
Ma fęrmate ne ſe pèut abolir,
 E ſa durte ne ſe pèut amolir:
 Sa gloęrę, c'ęt de pitie n'ętre emue,
E la miene, ęt que nul vant ne me mue.
 Quoę? ſi mon keur pouuoęt ne l'emer point,
 Le ſien ſeroęt ſoudein d'amour epoint.

LXXIII.

LXXIII.

Si tu n'es Vant, Amour, donques qu'es tu?
  An haut, an bas a ton gre tu me pousses:
  Deça, dela m'ebranlet tes secousses:
  Ie suis ton arbre, e je suis ton fetu.
Or nu je suis, or de feulhes vetu:
  Or tu m'es coe, ores tu te courrousses:
  Or rudes sont, or tes aleines dousses:
  Tu as d'eteindre e d'alumer vertu.
Tu es Zefire, e mes ris sont tes fleurs:
  Tu es Vn Austre, e tes eaus sont mes pleurs:
  Tu es Boree, e mon keur et ta glace:
Tu es Cecie, e ta Nue je suis.
  Tu ne fez rien, brief, que le Vant ne face,
  Fors que tu peux antrer sans t'ouurir l'huis.

LXXIIII.

Vous qui voyez depeintes mes douleurs,
  Depeint Amour, e depeinz ses atrez,
  Ne jugez point mes peines par les trez,
  Ne jugez point le vif par les couleurs:
Mes venez voer ma Dame e ses valeurs,
  Suget duquel mes desseins sont extrez:
  Venez choesir les deus premiers protrez,
  L'un de Beautez, e l'autre de maleurs:
Lors vous voerrez que l'un respirera
  Le dous orgueilh que je n'è fet qu'ombrer:
  E l'autre quoe? il vous remirera
Les griez annuiz que je n'è sù nombrer.
  Mes si les keurs vous jugez de nous deus,
  Rien ne seront les tableaus au pres d'eus.

         d   LXXV.

LXXV.

Debilę efort ſouᴣ agreablę ſęs,
  Ioyeus dedein, irę e miſericordę,
  Hardię creintę, e peſiblę diſcordę,
  Terę parlant, meritoęrẽs meſęᴣ,
Fermę inconſtance, inſanſiblęs eſęᴣ,
  Mourir ſans fin, ris qui aus pleurs acordę,
  Lumierę obſcurę, oubli qui ſę recordę,
  Cę ſont les biens, Amour, quę tu mę ſęᴣ.
Si donq a moę tu mę ſęᴣ diſcorder,
  Par quel moyen acord pourras tu ſęrę
  Si bon, qu'a moę ſę veulhę acommoder
Cęlle qui ęt nee pour mę deſęrę?
  Męs quel Amour, o Amour, ęt cętui,
  Que d'auoęr guęrrę a ſoę e a autrui?

LXXVI.

Ie dęuièn las, pour tousjours plus courir:
  Iẽ donnę tout, pour tousjours plus dęuoęr:
  I'ouurę les yeus, pour plus troublęmant voęr:
  Ie ſę le bien, pour rẽprochę ancourir:
Eidę je quięr, pour nę mę ſęcourir:
  I'atàn tousjours, pour jamęs rien n'auoęr:
  Peinz jẽ pràn, pour mon maleur ſauoęr:
  Ie vi long tans, pour plus dę foęs mourir:
I'ouurę l'eſprit, pour clorre mon dęſir:
  Çant buz je voę, pour aucun nę choęſir:
  Ie viſe a vn, pour tous, fors lui, frapẽr:
I'ambracę tout, pour lęſſer tout le ſęs:
  Ie ſuì tousjours, pour jamęs n'echaper:
  Helas, Amour, ſę tòt cę quę tu ſęᴣ.

LXXVII

LXXVII.

Mon pansemant, qui tant vers vous s'afekte,
  Par si long tans a neant deuiendroèt,
  N'etoèt qu'a vous se conduisant tout droèt,
  Contre mon keur il se rand e reflekte:
E reuenu, si fort il se delekte
  D'auoèr etè an cet eureus androèt,
  Qu'aueques soe soudein il se perdroèt,
  S'il ne rantroèt an sa ligne direkte.
Vù que ce peu de panser m'èt tant dous,
  Si je pansoè tout ce qui èt an vous,
  Que seroèt il de ma condicion?
Oh de combien les hommes passeroè je!
  Si j'an auoè pleine fruicion,
  Oh an quel rang d'antre les Dieus seroè je!

LXXVIII.

Bien que mon eulh a mort m'èt ofansè,
  Alors qu'a lui ma Dame s'èt montree,
  Mon pie aussi, lors qu'il l'à rancontree,
  Mon keur alors qu'an elle il à pansè:
Çant yeus pourtant je souhète, insanse,
  Pour voèr l'obget qui ma vie à outree:
  Çant piez, a fin d'i auoèr plus d'antree:
  Çant keurs, pour mieus sauoèr ce que i'an sè.
Einsi Amour de veins souhez m'apáte,
  Pour plus a cler voèr tous mes deplesirs,
  Pour mes maleurs ateindre plus a háte,
E pour hausser mes anuieus desirs:
  An me fesant songer fausses defanses,
  Qui ne me sont qu'acroessemant d'ofanses.

LXXIX.

Lors que d'Amour j'epie la cautelle,
  Sutilemant par son art il m'andort:
  E an dormant, je songe an mon grand tort
  De l'estimer tel, e ma Dame tele:
Ce dous tormant, cete joee mortelle
  Me pet, me point, m'apese, me remord:
  Ie fantesie, esperoe je la mort,
  Quand j'esperoe merci de lui e d'elle?
Si j'esperoe, Amour qui es si fin,
  Merci par mort, pourquoe me fez tu viure?
  Si je tandoe a toute vne autre fin,
D'ou vient que tant de mors ton dard me liure?
  Dì, dì a cler, j'e de te voèr anuie
  Viure tout mort, e mourir tout an vie.

LXXX.

Si de la mort souuant je tièn propos,
  Mourant souuant, que nul ne s'an etonne:
  Car j'è au lieu qui la vie me donne
  Les deus Signeurs du siege d'Atropos.
Si mon espoer n'à james de repos,
  Si mes pansers aus plus hauz lieuz j'adonne,
  Au point montant les deus fiz de Latonne
  Furet conjoinz, qui m'i firet dispos.
Ce fort Soleilh m'anflamme le courage,
  Duquel me vá contre mes maus armant,
  Pour soûtenir de Saturne l'outrage,
Qui m'à long tans fèt maleureus Amant:
  Mes je le voè, au fort, qu'an brief espace
  Il sortira de mon huitiéme place.

LXXXI.

LXXXI.

Contantèz vous deformęs, o Deęſſę,
  Bien dęuèʒ ętrę a la fin de voʒ jeuʒ,
  Quand vous, męs moę a moęmęme outrageus,
  Vous, je di bien, m'auèʒ ma hardięſſę
Par forcę otęʒ e ma franchę lięſſę,
  An mę randant dę gueị e courageus,
  Mornę, panſif, pęſant e ombrageus:
  E quand je vièn, vous dęmandèz, qui ętcę.
Peu mę ſęroèt que d'ętrę meconnù
  Dę ceus qui m'ont parci dęuant connù:
  Qui plus nę ſuis ſinon moę contrefęt:
Męs quoę? je ſuis meconnù dę vous ſeulę,
  Qui ſuis l'ouuragę e defęt e refęt
  Par votrę mein, forgę, fournęſę e meulę.

LXXXII.

Non par dedęin, e je lę vous proteſtę,
  Non pour dę vous, ma Damę, m'etranger,
  Non pour fuir ou labeur ou danger,
  Non que lę tans mę ſoęt long ou moleſtę:
Non que je ſoę de cę peu qui mę reſtę
  Dę vię, auarę: ou que, pour mę changer,
  Du tans paſſe je mę veulhę vanger:
  Non pour dedirę an rien lę veulh celeſtę:
Męs au rébours, par longue ſęruitudę
  Nę pouuant plus ſouʒ lę fęs reſpirer,
  Je mę derobę, e vá an ſolitudę
D'un ęr nouueau l'aleinę rętirer:
  Puis quand j'aurè repris nouuęllę vię,
  De moę ſęręʒ vn autrę age ſęruię.

LXXXIII.

LXXXIII.

Soèt bien, soèt mal qu'auenir il me doeue,
　D'oranauant viurè an assurance:
　Adieu Fortune, e adieu Esperance:
　Le tans n'èt plus qu'an vous je me deçoeue.
'Ne soès faschè, Amour, que j'aperçoeue
　Mon dous sejour, ma sure demeurance,
　Ou je fè veu d'humble perseuerance,
　Sans passion, an vie eureuse e soeue.
'Mes ! o dur sort ! o fatale Pandore,
　Qui arrètas cete Vertu au bort!
　Fere ne peù que je n'espere ancore,
'Bien que je cuide ètre arriuè au port:
　E trouue tant d'esperance an tous lieus,
　Que la lessant, j'espere trouuer mieus.

LXXXIIII.

Plus mon desir d'amprises me prepare,
　Plus d'antredeus s'offret pour m'an refreindre:
　Tant plus je cuide aus merites ateindre,
　Plus au milieu des graces je m'egare:
Trop de splandeur la vue me separe,
　Trop grand' ardeur ma flamme vient eteindre,
　Trop grand akeulh d'aprocher me sèt creindre,
　Ce m'èt rigueur d'une dousseur si rare.
Ie suis l'oeseau qui an sa longue cage
　A desapris la vie du bocage:
　Le pres me plèt quand d'elle je m'etrange,
Le loin je quier lors que pres je me range:
　Tous les androez ou elle n'èt, me nuiset,
　Tous les androez ou elle èt, me detruiset.

LXXXV.

LXXXV.

Mes commant suis je an amour si constant,
  Vù qu'inconstance an tous mes fez consiste?
  J'spere e crein: je suis alegre e triste:
  Froed, anflamme: rabesse e montant:
D'efet marri, d'opinion contant:
  Par vn depit, paciant je persiste:
  Par ma foeblesse au plus fort je resiste:
  Ce que je n'è, je le tièn tout contant.
Si tout cela, Amour, sont tes parties,
  D'ou vient qu'au tout contreres elles sont?
  Si d'autre tout elles sont departies,
D'ou vient l'arret que de toe elles ont?
  Ou si ton art les contreres assamble,
  Que ne joins tu ma Dame e moe ansamble?

LXXXVI.

Si quelquesfoes, Amour je me courrousse,
  Si quelquesfoes ancor je t'abandonne,
  Si quelquesfoes resistance je donne
  Contre tes trez, ta puissance e ta trousse:
Brief, si le fiel aucunesfoes me pousse
  A dedeigner ce que ton veulh ordonne,
  Pardonne moe, bien d'autres j'an pardonne
  A celle la qui onq ne me fut dousse.
Quoe? dit Amour, quel pardon pretandroèt
  Celle qui à, e toememe i consans,
  Si grand' puissance e rene an ton androèt?
Mes elle, di je, e toememe le sans,
  Me fèt ce tour, qu'abusant de son droet,
  Pour vne mort m'an fèt soufrir cinq çans.

LXXXVII.

Quel grand pouuoer a mon panſer commande
    De tant chercher ce qu'il ne connoẹt point?
    Commant ſe fẹt d'un eſprit qui ẹt point
    Si grand acord a cẹla qu'il demande?
Qui ẹt l'auteur qui cet auis lui mande?
    Ẹt ce dommage ou profit qu'il m'anjoint?
    Ẹt il hors moẹ, ou auẹc moẹ conjoint?
    M'an ẹt il pis, ou bien il m'an amande?
Ẹt ce ʋn record d'un plẹſir ou emoẹ
    Iadis perçu dedans ʋn autre moẹ?
    Non: c'ẹt ʋn tour d'Amoureus ſtratagẹme
Plein de diſcors, cauſẹs e ʋnions,
    Qu'il faut, qu'auant connoẹtre ce que j'ẹme,
    I'alhe mourant an mes opinions.

LXXXVIII.

Bien fut l'obgẹt d'un ʋif teint colorè,
    Bien fut ouuẹrt mon eulh, mon kẹur paßible,
    Bien fut l'humeur deliez au poßible,
    Bien fut l'eſprit an moẹ incorporè,
Bien fut ſutil e pur elabourè:
    Bien fut le tans d'un momant inſanſible,
    Bien fut le trẹt agù, bien inuincible,
    Bien fut de mein mẹtrẹſſe anamourè:
Bien fut poli le Criſtal, e la mechẹ
    A s'anflammer fut hátiuẹmant ſechẹ,
    Bien fut tout ʋn, finir e commancer,
Quand le reyon de ʋotre image ſacre
    Pẹrſant e ʋif, ʋint dedans mon panſer
    Grauer de ʋous cet autre ſimulacre.

LXXXIX.

LXXXIX.

Venus etoèt joyeuſemant guidee
  Par celle-là qui me tient an ſes laz :
  E ſi auoèt anſamble par ſoulas
  Contr'echangè leur perſonnelle idee :
Lors getant l'eulh ſus ma Dame cuidee,
  Tele n'etoèt ni Iunon ni Pallas
  (Dì je a l'autre elle) alors que tu alas
  Gagner la pomme an la prerie Idee.
Chacune an rit (e reuint an ſon éme)
  D'einſi ſe voèr preferer a ſoeméme :
  E je redi, eyant leurs jeuz connuz,
Quand je vous pràn, o Venus, pour ma Dame,
  Quand je vous pràn, ma Dame, pour Venus,
  Deus deïtez an vne je reclame.

X C.

An mon dormant il s'èt venù offrir
  Vn cler Soleilh, qui ma vue à troublee,
  E m'à fèt dire an pleinte redoublee,
  Ah! ah! le Monde an peùt il deus ſoufrir?
Alors le mien à commancè d'ouurir
  De ſes beaus rez vne face afublee :
  Te leſſes tu, m'à il dit, a l'amblee
  L'eſprit, l'eſpoèr auec les yeus couurir?
Lors je m'eueilhe, einſi qu'il ajoutoèt,
  l'aurè mon cours, l'autre ſa courſe aura :
  E puis je vì qu'il peu a peu montoèt :
Incontinant ma langue l'adora,
  An le priant de pouuoèr metre hors
  L'ardeur, la joee e zele que j'ù lors.

XCI.

Cete beaute d'eternite vetuɇ,
   Portant d'honneur les immortɇs prefans,
   Rand a mes yeus les lons fiecles prefans,
   E an rondeur mes defirs perpetuɇ:
Ɇlle m'anflammɇ, incitɇ e euɇrtuɇ
   Lɇ fans, lɇ keur, les efpriᴢ e les ans
   A ces labeurs peniblɇmant plɇfans,
   Deffouᴢ lɇ jou qui a mon gre mɇ tuɇ,
Mon feu prand forcɇ, e croɇt infinimant,
   Eyant trouuè fon famblablɇ alimant:
   Tousjours an foɇ s'antrɇtient la matierɇ,
Mon feu fans cɇffɇ à dɇ quoɇ s'alumer:
   Car ɇllɇ etant fi durablɇ e antierɇ,
   Il s'i nourrìt, fan rien an confumer.

XCII.

Ceus qui voudront fɇ douloɇ̀r, qu'iz fɇ deulhɇt:
   Ȉè, quant a moɇ, parfɇtɇ fufifancɇ:
   Iɇ mɇ rɇpɇ̀ dɇ diuinɇ plɇfancɇ
   Es troɇs beauteᴢ qui an vnɇ m'akeulhɇt.
L'amɇ, l'ouiɇ e la vuɇ rekeulhɇt
   L'anfeignɇmant, la Mufiquɇ e l'ɇfancɇ
   Dɇ fon efprit, dɇ fa voɇs e prefancɇ:
   Qu'ɇt il befoin que plus les hommɇs veulhɇt?
Tout cɇ qui ɇt an moɇ lɇ plus infinɇ,
   Prand cɇ qui ɇt d'ɇllɇ tout lɇ plus dinɇ:
   E rɇfon veùt quɇ rɇfon jɇ mɇ randɇ,
Si quelque chofɇ ancorɇs jɇ n'è prifɇ,
   Ma Damɇ pas nɇ l'eſtimɇ affɇᴢ grandɇ,
   Pour guɇrdonner ce qu'an moɇ ɇllɇ prifɇ.

XCIII.

XCIII.

et eulh diuin, ma seule anseigne e guide,
  Qui droet au Ciel m'eleue e me conuoee,
  Antrant an moe par la samblable voee,
  Me rand le keur transi, l'ame liquide:
uis quand ce vient que manier je cuide
  Ce beau miroer, afin que je m'i voee,
  Les fors reyons que le feu me ranuoee
  Font mon esprit de sa puissance vide.
oyans Amans, c'et vn miracle extreme,
  Dont la reson assez je n'aperçoe,
  Qu'il et besoin etre hors de soememe,
our contampler ce qu'on à dedans soe:
  Emons ancor d'un zele plus parfet,
  E nous voerrons commant cela se fet.

XCIIII.

Apretez vous, mes yeus, pour receuoer
  L'ouuert reyon sortant hors de la Nue:
  Mon beau Soleilh montrant sa face nue,
  Apres l'obscur sa splandeur vous fet voer.
ous, langue, aussi fetes votre deuoer
  (A tout le moins a cete bienuenue)
  Ne soiez plus liee ni tenue,
  Fetes seruir le dire au conceuoer:
achez conter la longueur de mes nuiz,
  Sachez conter de mon keur les annuiz,
  Qu'il n'à cessè an seruant d'andurer.
Sachez louer ce beau jour eclerci,
  Priant Amour le fere tant durer,
  Que d'autre nuit il ne soet plus noerci.

XCV.

X C V.

Ma bouche etoèt ja de sauourer prèté
  De ce beser la grand' suauite,
  E me sambloèt a l'heure ètre inuitè
  D'un ris fesant mutuelle requète:
Mes ce pandant qu'a fruir je m'aprète,
  Voeci ma Dame aueques grauite
  (Miracle grand) mon er à euitè,
  An eleuant jusqu'aus Nues la tète.
Las ou vas tu, o Deesse, sans moe?
  O de vertu trop celeste pouruue!
  Me lesses tu tout seul an cet emoe?
Me priues tu, cruelle, de ta vue?
  Amour mon Dieu, fè que la faueur d'elle,
  O tout puissant, me serue a ce coup d'ele.

X C V I.

L'eulh trop hardi e le keur son complice,
  Qui sont tousjours fermes obstinemant,
  Ardet d'aler an ce haut Elemant,
  Souz le danger de ruineus suplice:
Car bien qu'Amour a mes veuz soèt propice,
  Ie panse au fiz douteus e vehemant,
  Qui rancontra vn pere trop clemant
  A acorder son fatal precipice.
Refreignèz vous, eulh e keur orguilheus,
  Creignè vous point l'abime perilheus?
  Non. alons donq : l'obeissance honnète
Rompe l'efort du danger propose.
  Amour nous crie, Amour nous amonnète,
  Il faut oser apres auoèr osè.

L' Amour

L'Amour Volant.

Raui an l'amour de ma Damę,
Ę sàn dedans moę s'emouuoęr
Vn nę sè quel nouueau pouuoęr:
Ę sàn des pointęs an mon amę
De tous les cotez s'elancer,
Ę nouueau cors mę balancer.

Ę mę sàn vnę ęlę cousuę,
D'Amour miraculeus labeur,
Qui m'afranchìt toutę la peur
Qu'an mes espriz j'è jamęs iuę:
Ęt pour m'ebranler contremont
Apręs cęllę qui mę semond.

Quę crèin je? quę par cę liquidę
Vaguę je m'alhe foruoyant?
Męs quę creindroę je, mę voyant
Conduit d'unę si surę guide?
Creindrè je vn milieu froędureus,
Moę qu'Amour rand si chaleureus?

Ne voę je pas ma Souuereinę
Qui mę fand l'ęr an droęz silhons?
Qui les pluyęs e tourbilhons
Tout a la rondę mę sereinę?
Quę crèin je? de dęuęnir las
Pręs de mon repos e soulas?

Il nę

Il ne me faut point donner garde
Des rez lumineus, que l'oeseau
Porteur du fulmineus fuzeau
Seul sans nule ofanse regarde:
Car j'è mon eulh acoútume,
De mon beau soleilh alume.

Ie ne crein l'eclatant Tonnerre
Qui an poudre me mette bas:
Que creindrè je? je ne suis pas
Frere des Anfans de la Terre:
Ie ne vá aßieger les Cieus,
Qui suis atrèt de l'un des Dieus.

Ie ne crein que le Soleilh fonde
L'atache de mon ampannon,
E que ma chute donne nom
A quelque Mer ou a quelque onde:
Non non, Mes elerons antez,
Sont mieus que de ciré plantez.

Donnèz moe pes pour quelque espace,
O vous Heroïns Terriens,
Mon vol, Espriz Aëriens,
Ebahißemant ne vous face:
Amour m'atire, qui èt Dieu
An haut, an bas e au milieu.

Esprîz, vn salut je vous donne,
M'aßurant bien que vous seruèz

Amour

Amour, e que vous obseruéz,
Comme moę, les loęs qu'il ordonne:
Pour cęla voź bandes je sui
Souź la garde e faueur de lui.

Les humeins ont leurs antrefętes,
Męs combien plus qu'eus vous pouuéz,
Vous qui an cet Ęr vous mouuéz,
Montręt les fęz que vous i fętes,
Dont les Tęrriens amateurs
Nę font que voź admirateurs.

Le Parnafę.

Cęlle dont la haute vęrtu
Męt fouuant la mienne a l'epreuue,
Orprimęs vręi le zęle treuue
Que tousjours mon keur auoęt u:
Quand j'è par voęs inconnues
De fon amour fi peu doutè,
Qu'a fon leurre je fuis montè
Dęffus la region des Nuęs.

An ce haut lieu je la connoę
Moins feuere (chofę voyablę)
E plus bęlle (chofę incroyablę)
Qu'an moę je nę la façonnoę.
Ęlle refiftę e contrędurę

Au

Aus ręz du treluiſant flambeau,
Quę nul Feu, tant ſoęt cler e beau,
Au Ciel ſerein dę pręs n'andurę.

Pour mę garder dę m'etonner
Au ręgard dę ces creus abimęs,
E an ces grans partours ſublimęs
Garder mon cęrueau dę tourner,
Ęl' mę confortę e m'iluminę
Dę l'ęr fecond dę ſa clęrte,
E dę mes yeus la libęrte
Dę loin an loin ęllę tęrminę.

Or dęrrierę, or outrę paſſant,
Du bat bien apris dę ſon ęlę
Ma volęe ancoręs nouuęllę
Peu a peu mę và compaſſant :
E an fandant la voęę droęttę
Dę l'ęr, mon eulh d'un librę choęs
Auiſe dans les chans Greg'oęs
Vn päis dę compriſę etroęttę.

Ię voę l'etroęttę region,
Męs deus foęs grandę e etęrnęllę,
D'un doublę los qui ęt an ęllę
D'unę doublę religion :
L'unę, dę l'eſprit profetiquę
Du Dieu an ſon Dęlfę adorę,
E l'autrę du Mont honore
Pour l'eſprit qu'il rand, Poëtiquę.

De

De loin je suis aperceuant
Ce Mont, qui de sa double croupe
Les hautes Nues antrecoupe,
Sublime audessus s'eleuant.
E a cete premiere aproche
Mes espriz a l'ouuert humoę̨t
Les seintes horreurs, qui fumoę̨t
Des antres de la sacre Roche.

oh! voęci, di je an moę, le lieu,
Ce l'ęt, ma vue n'ęt point veine,
Ou se tient la docte Neuueine,
Race mignonne du grand Dieu:
L'autre Mont m'an fę̨t connoęssance,
De cetui non trop s'ecartant,
E de hauteur le combatant,
De ces neuf l'eureuse nessance.

Ie voę̨ desja au prochein val
Couler cete chaste Fonteine:
E l'autre vn petit plus lointeine
Que fit jadis l'ęle Cheual.
O foę eureuse ! o eureus Zele!
O guerdon eureus de mon tans!
O mes espriz d'eur tous contans!
O eureus vol! o eureuse ęle!

Ma Dame d'un long vol ondeus
Cete voę̨ liquide rase,
Tant que sus le haut de Parnase

e   Volans

Volans nous arriuons tous deus.
Puis quand nous fumęs a pie fęrmę,
Ęllę auęc doussę grauite
A ouir m'eyant inuitè,
Sa bouchę amiable defęrmę.

Or ça, dit ęl', nę voęs tu pas
Dę l'amour qui jusqu'a cetę heurę
Dędans toę à fęt sa dęmeurę,
Qu'il n'an peut ętrę dę plus bas?
Bien cuidęs m'auoęr honoreę,
Tout auoęr meritè, tout sù:
Męs cę quę tu an as cunçù
Montrę quę tu m'as ignoreę.

Tu as bien sù pleindrę e gemir,
Dont j'è les oreilhęs tant pleinęs:
I'è vu les couleurs dę tes peinęs
Rougir, noęrcir, palir, blęmir.
Męs tu n'as onq bien pù comprandrę
Quel bien c'etoęt quę tu vouloęs,
Ni dę quel mal tu tę douloęs
Ni cę qu'il faut donner ou prandrę.

Qu'il fęt beau voęr vn Amoureus
Qui sę transìt e qui sę pámę,
D'un samblant qui lui demant l'amę,
Ioyeus d'ętrę vu langoureus:
E qui parlę dę telę bouchę,
Quę dę ses criz e dę ses pleinz.

Tous les lieux d'alantour sont pleins,
Fors celui la qui plus lui touche.

An son fantastique tormant
Ancontre le Ciel il proteste,
Amour e son pouuoer deteste,
E ne sèt pour quoe ni commant.
Puis aprés, le poure coupable,
Qui vouloèt viure de ses mors,
Vinant meurt de mile remors,
Santant son merite incapable.

Tant de foes que pleindre je t'oe
(Car tu es le premier du conte)
Qu'il èt bon besoin a ta honte
Que je l'antande mieus que toe,
Pour l'arracher de ton visage!
Je ne veù dire nonostant
Que tu n'ees l'amour constant:
Mes tu n'an connoés point l'usage.

Le deulh ou de toe tu te mes,
Les passions que tu t'ordonnes,
Les souciz qu'au keur tu te donnes,
Tout cela ne me mùt james
Tant qu'un desir qui ne se mue,
E une simplece de foe
Qu'an emant garder je te voe.
C'èt cela qui me rand emue.

e 2   L'homme

L'homme an foę à des feuz diuęrs,
Les vns qui ne font que fumee,
Les autres fonk flamme alumee,
Les autres sont toujours couuęrs.
Il y an à d'une autre forte,
Quand apręs s'ętre un tans couuéꝫ,
Iz ont leurs foupiraus trouuéꝫ,
Par ou leur etincęle forte.

L'homme fonge a fę ramparer,
E traualhe a ferę męrueilhę:
Męs tandis le Ciel contreueilhę,
Le voulant alors preparer.
        alhyurs
Panfoęs tu par tes antręprifęs,
Quand d'emer tu t'euęrtuas,
T'aquęrir l'ęle que tu as,
Dont auęc moę cet Ęr tu brifęs?

E ancor fi je nę t'inſtrui
Apeine auras tu cete ęfance
Quę d'an jouir a ton vfance,
Non plus que d'un outilh d'autrui.
Car nę panfe pas que tu l'ęęs
Pour lęffęr ces lieus tęrriens,
Fandant ces chans aëriens,
E qu'a plęfir tu t'y eguęęs.

Amour t'à ici atirè,
A fin qu'a toę tu aparoęffęs,
E qu'a cete foęs tu connoęffęs

Le bien ou tu as aſpirè.
E par moę t'à etè ouuęrtę
La conduite par ou taſchoęt
Le feu qui an toę ſe cachoęt,
Dont la flammę s'ęt decouuęrtę.

Peu ſęroęt que des hauz climaʒ
Tu viſſés commant ſont cauſęęs
Les tandręs e baſſęs Roſęęs,
Puis les Brouęęs e Frimaʒ,
La Pluyę, la Negę, la Grélę,
E l'Etoęlé aus crins portantęus,
E Foudręs eyans dauant eus
L'Ecler qui les Nuęs deméle.

Cela n'ęt que pour t'exęrcer,
E afin que tu t'acęrteinęs
Au vol des placés plus hauteinęs,
Qu'il tę faut vn jour trauęrſer:
Car cę milieu qui dę froęd gelę,
Ni ſon plus prochein voęſine,
Nę ſont qu'un paſſagę aßine,
Qui a cę grand Ciel ſęt echelę,

Cę Ciel grand, cę Ciel ſpacięus,
Lequel ſęra ſęt nauigablę
A ton deſir infatigablę,
E a ton vol audacięus.
Seulemant conuient que tu goútés
Les bruuagęs ſeins dę ces Seurs,

6 3   E les

E les eternelles douſſeurs
Des beaus acors que tu ecoutes.

Contample moę ces chans diuins,
Connoę̀ le Genię e l'honorę:
E pour y rętourner ancorę,
Rętièn bien par ou tu y vins,
Voęci le loyer de ta courſę,
Voęci le Pol de tes ęrreurs,
Voęci la pęs de tes horreurs,
Voęci de tes mors la reſſourcę.

E afin que tu ne ſoęs neuf
Parmi la Celeſtę campagnę,
Ecoutę bien cęllę compagnę,
Cęllę que tu voę̀s de ces neuf
(E mę và montrer Vranię)
Qui ce grand Globę và portant,
E qui tient nom du Ciel, pourtant
Que la ſciancę ęllę an manię.

Ęllę chantę des Feuz Mondeins
Les mounę́mans e les pratiqueś,
E mę́męmant des Ęrratiqueś
Les cours pareſſeus ou ſoudeins:
Ęllę chantę du Siniferę
Les domicileś aparans,
Qui cęrnęt, ordonnez par rans,
An echarpę toute la Spherę.

E an

E an ces Sines deus foęs fis
Ęl' chante cę quę deteŕminęt,
Les sęt Feuz qui dęssouz cheminęt,
Selon qu'iz s'y trouuęt aßis:
Selon ancor' qu'iz s'antredardęt
Tręt beneuolę ou annémi,
Quand d'un quart, d'un tiers, d'un demi,
Ou d'un sizieme sę regardęt.

De la vient tout cę g'anre humein,
Ces Bętęs, ces Oęśeaus, ces Plantęs,
Diuęrsęs ou sę ressamblantęs,
Qui renęssęt de mein an mein.
Par la, des chosęs la grand' cheine
Etofeę de dur metal,
S'antrętient d'un ordrę fatal
Antrenoue d'amour e heine.

Durant cę Celeste ręcord,
Quę me dęuisę ma Princęssę,
Le dous chant des Musęs ne cęssę,
Qui composę a ęl' son acord.
Il me fęt vne telę oreilhę,
Qu'un seul dę choęs, je pęu ouir:
E dę tous ansamblę jouir
D'unę intęlig'ancę pareilhę.

Lętręs, parler ingenieus,
Męsurę, Hiſtoęrę, Tragedię,
Harpę, Flutęs, Cicus, Comedię

Bruiet vn Tout armonieus,
Qui de suauite ressamble
A cęlle la que vous depart
La keulhęte des fleurs apart,
E puis les fleurs toutes ansamble.

Męs de ma Dame les chansons
M'ang'andręt vne resonnance,
Qui me donne la souuenance
D'une ame qui sort des neuf sons:
E mon oreilhe einsi recree,
Comme l'eau tręte an l'Alambic
Des dons du Soleilh Arabic,
Au cęrueau delicat agree.

Car, o combien me vient a gre
La grand' nouuęlle qu'on m'anonce!
Qu'une tele bouche prononce,
An vn tel lieu e si sacre!
O commant le keur me sautęle
Du voyage quęl' me promęt!
E quand an la garde el' me męt
De la gouuęrnante immortęle.

Desja l'apęrçoę me guigner
D'un beau tręt d'eulh qui autorise
Ma mętręssę, e me fauorise,
Toute pręte de m'anseigner:
E an son discours qui foęsonne
Fęt antręcouler vn dous chant,

                                        Qui

Qui tous les sans me va touchant,
D'un er nouueau qui an resonne.

Ce chant naïf j'è retouchè
Einsi que je l'è pù comprandre:
(Car qui pourroèt viuemant randre
Le son d'Vranie ambouche?)
Par vne mesure intermise
Aprés elle l'è recitè,
Vsant de la diuersite
Qui aus Poëtes et permise.

L'VRANIE.

L'Er.

O eterne Prouidance,
Disoèt la celeste Seur,
Qui chang'as an Euidance
Cete hideuse noerceur!
E d'un Led incomprenable
Fiz vn Beau plus connenable
Que panser ne se peùt pas,
Des choses qui s'antr'aliet
An rondeurs qui s'antreliet
D'inuariable compas.

Le chaud boulhoèt an froedure,
Le sec d'humeur s'alteroèt,

Le mol a la maſſe dure,
Le blanc au noer aderoęt.
L'horreur bruyoęt an ſilance,
Le tout ſouffroęt violance,
E rien n'agiçoęt pourtant:
E ſe depitoęt la Formę
Dedans la Matiere enormę,
L'unę a l'autrę annui portant:

Quand a l'execrablę guęrrę
La grand' Bonte s'opoſa,
E lę Feu, l'Ęr, l'Eau, la Tęrrę
An leurs bornes ęt' poſa:
Lę Feu an haut tour connexę,
L'Ęr deſſouZ, a lui connexę,
L'Eau au cauę Aërien:
LéqueZ l'un l'autrę rampliſſęt,
E tout vn globę acompliſſęt
Auęc lę fęs Tęrrien.

Lę roulęmant plus mobilę
Du Feu, l'Ęr cide a mouuoęr,
Lequel moins quę lui habilę,
A plus quę l'Eau de pouuoęr:
E ęllę qui glicę e coulę
Meinę la Tęrreſtrę boulę,
Menęę de męmę tour:
E les rondeurs atacheęs
D'anſamblę nę ſont laſcheęs,
Pęrpetuans lę partour.

Il faut

il faut, puis que les partięs
Nous connoęʃʃons viurę ici
Auęc lę Tout compartięs,
Quę tout lę Cors viuę auʃʃi:
E ʃi vivant il ʃę treuuę,
Il faut ancor qu'il ʃę meuuę,
Viuroęt il ʃans mouuemant?
Męs quelę ęt choʃę an cę Mondę
plus proprę a la formę rondę,
Quę ʃę mouuoę̀r viuemant?

L'Eau, pour meintęnir cę viurę,
L'humeur dę Tęrrę ʃoutrę̀t:
Puis a l'Ęr du ʃien ęl' liurę,
Dę l'Ęr l'actif Feu atrę̀t:
E puis lę Feu l'Ęr etuuę,
L'Ęr ʃus la Tęrrę s'ecuuę,
Abruuant les conduiz ʃęz.
Einʃi l'un l'autrę iꝛ alteręt,
E leurs ampruns reïteręt
Par vn etęrnęl ʃuccęs.

Męs ʃur tout, l'ardantę lampę
Du grand Titan qui tout voę̀t,
Les cors echaufę e atrampę,
E dę bon eur les pouruoę̀t.
Puis ʃa Seur a qui il pretę,
Commę vnę vręę intęrpretę
Dę ʃa ʃouuereinętę,

Auęc

Auec sa faueur seconde
Tous les cors mouuans feconde
De ce qu'il lui a preste:

E tout par l'Er manifeste,
Moyenneur quotidien
De cette vertu celeste,
De ses faueurs gardien.
L'Er, au soleil la verriere,
Des legers vins la carriere,
Porteur de fertilite
Au bon visage qu'il montre,
Ou par vn ine rencontre
Porteur de sterilite.

Er qui es meilheur ne pire,
C'er ailleur hors ne enclose
Que l'ame aspire e respire
Par ton ne remuant anglot,
Er au peu a peu consume
Ce qu'il nourrit, e qui hume
L'humeur qu'il va attirant:
E se tost a elle ouuert,
Il se donne e le repert,
Liberte attirant.

L'Er es l'unique passage
De la Terre auau aus Cieus:
Par lui tu es le message

Les humeins des puissans Dieus,
Par qui les obgez s'imprimat,
Qui paruienet e s'intimet
Au parfond de tous les sans:
Er des Beautez l'habitacle,
E joyeus receptacle
Des irmonieus accans.

Les trois Regions de l'Er.

L'Er qui au large s'epard
En trois regions se part:
L'une, qui procheine e baisse
Le rond de la Terre ambrasse:
E son haut limite
Clenuds l'extremite
Des rais qui du soleilh isset,
E contremont rejalisset.
Cele par tours diuers
Sant es Etez e Yuers,
Comme les jesons tampere
Phebus qui par tout opere.
L'autre et assise au plus haut,
Proche a l'Elemant plus chaud,
E pourtant aussi nient ele
De temperature tele.
La tierce et antre ces deus,
Plus norrible e hideus,

                                    Ou et

Ou ęt la froędurę etreintę
Dę deus chauʒ dont ęllę ęt ceintę:
Dont l'un qui ęt pardęſſus
La gardę dę monter ſus,
E les ręʒ qui l'Ęr reſandęt
Lę dęualer lui defandęt.
Einſi cę froęd, etant mis
Antrę ſes deus annęmis,
Fuiant l'inegalę g=ęrrę,
Par forcę an ſoę ſę reſſęrrę.
          L'Ęr dedans ces troęs Vęſſeaus
E dę la Tęrrę e des Eaus
Les diuęrſęs Vapeurs chargę,
E les reçoęt tout au largę:
Les Vnęs dę ſechę ardeur,
Autręs d'humidę froędeur,
E autręs qui ancor tienęt
• Dę tęrrę dont ęllęs Vienęt.
Cetę ci prand lę bas lieu,
Cetę autrę montę au milieu,
E la plus legerę ſautę
Iuſqu'an la region hautę.
E la, du Soleil aᶜtif
Au pouuoęr alteratif,
Sont an chaleur tranſmuęęs,
An gręlę, eau, negę, ou nuęęs.

La Roseɇ.

Quand lɇ Soleilh fęt les jours
Plus grans par ses lons sejours,
E quɇ dɇ sa lampɇ clerɇ
Par l'ęr serein il eclerɇ:
Ses chaus reyons dessecheurs
Humęt les moętɇs fręscheurs,
E font quɇ dɇdans la tęrrɇ
La froɇdurɇ sɇ ręssęrrɇ.
Puis quand sus l'humidɇ soęr
La chaleur sɇ vient rassoęr,
La Tęrrɇ peu a peu poussɇ
Vnɇ vapeur fręschɇ e doussɇ:
E par les conduiȥ diuęrs,
Quɇ lɇ Iour auoęt ouuęrs,
Les moęteurs dɇhors s'emeuuęt:
Męs bien haut monter nɇ peuuęt:
Car la debilɇ tiedeur
Nɇ pèut tirer la froɇdeur,
Qui rɇtombɇ an goutɇlętɇs,
Commɇ tramblantes pęrlętɇs:
Dequelɇs sont diapreȥ
Les chans, les buissons, les preȥ.
Męs lɇ matin qui s'alumɇ
A l'heurɇ a l'heurɇ la humɇ:
Commɇ les ebaȥ plęsans
S'an vont des les jeunɇs ans,

E la beaute Virginale
Dęs la tandreur matinale.

Le Frimaʒ.

Męs quand du froęd la rigueur
Paſſę du chaud la Vigueur,
Souuant la Tęrre euaporę
Vnę humeur qui s'incorpore
An l'ęr la refroędiſſant,
E tót la conuęrtiſſant
An Vnę drue gęlce,
Qui Frimaʒ ęt apelee.
Si haut quę Pluye il n'ęt pas,
Ni quę Roſee ſi bas:
Męs ſus les arbres prand place,
E an dragons il ſę glace:
Car lę Soleilh trop lointein
Nę lę peùt tirer hautein:
E contrę lui ſa froędurę
Longuęmant reſiſtę e durę.

La Pluye.

C'ęt du Soleilh l'accion,
Qui fęt Vnę attraccion
Dę Vapeurs, pour apręs randre

Cc

Ce qu'il auoèt voulu prandre
E l'humide vaporeus
Tient toujours du chaleureus:
Car rien ne se peùt atrere
Par vertu toute contrere.
E einsi le feu humeur
Qui premier a cete umeur
La force de monter donne,
Bien tôt aprés l'abandonne
La ou presque sont falhans
Les rez an sus ressalhans:
E lors la liqueur exante
De chaleur, deuient pesante:
Car e du froed e du vant
Ę't agitee souuant,
Tant que par goutes menues
Ęlle se tient dans les Nues.
E de cete pesanteur
L'Ęr liquide ęt detanteur,
Comme l'Eau (bien que moins forte)
Les bateaus tous chargez porte.
Toutefoęs la Nue etant
Pleine d'umeur tant e tant,
Force ęt que la liqueur toute
Derechef an bas degoute.
E quelquefoęs le fardeau
De la Nue grosse d'eau,
Qui ęt de loin assamblee,
La rand si pleine e comblee,
Que l'ęr obscur tout au rond

f   An

An eau ſe deborde e ront,
E des Pluyes qui abondet
Fleuues, Etans ſe debondet.
Ia nuz rampars n'ampeſchans,
Nęet au large les chans,
E portet, deuenuz mętres,
Betalh e meſons champętres.
Souuant męme ont ruiné
Le vieus Chęne anracine,
Tant ſont les fureurs hideuſes
Des Rauines impiteuſes.

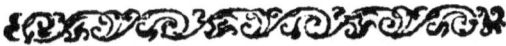

La Gręle.

Quand ce bas ęt chaleureus,
Le haut ęt plus froędureus:
Car les rez plus haut s'egetet,
E le froęd an ſus regetet.
La haut, le Vant penetrant
A trauęrs la Nue antrant
Pęrſe l'humeur par ſurpriſe,
E an glace acoup la briſe:
Car il à plus de valeur,
Rancontrant plus de chaleur
Es vapeurs qui ſe preſantet,
Chaudes du feu qu'ęlles ſantet:
Einſi que ſi on offroęt

Soudei

Soudein l'eau boulhante au froęd,
plus tót ęll'ęt refroędie,
Que s'ęl nę fút que tiedię.
De l'annęmi outrageus
Dispos e auantageus,
Cęlui qui point nę s'an doute,
Tout acoup ęt mis an route.
    Adonq on oęt martęler,
E sus les toęz sautęler
Cecę pięrrę druę horriblę
Quę l'Ęr tristę irrite criblę.
Lors lę Reisin ancor vęrd
Pour neant ęt a couuęrt
Souz la feulhę, sans defansę
Contrę si cruęlle ofansę.
Les Blez si guęęmant cruz,
Iourneęs des Beuz ręcruz,
Dę l'An les promęssęs dużs,
An vn instant sont pęrduęs.
Quelquesfoęs cę Vant forceur
La fęt de telę grossęur,
Que mémę de ses tampętęs
Aus chans assommę les Bętęs:
E les calhouz d'anhaut chuz
Froęssęt les arbres branchuz,
Tant Naturę ęt uehemantę,
Quand ęllę fęt sa tormantę.

La Nege.

Quand le tans chaud à cedè
Au froed qui à succedè,
E que la nuit les jours rongne
Pour le Soleilh qui s'elongne,
C'ẹt lors que les floz mẹnuʒ
Randẹt au large chẹnuʒ
Les placitrẹs des campagnẹs,
E les coupeaus des Montagnẹs.
D'un Vant moins impetueus
Qu'agiçant e Vertueus,
La matierẹ euaporeẹ
An haut ẹt elaboureẹ:
E sans fin la boulang'ant,
Peu à peu la Va chang'ant
An Vnẹ blancheur aqueusẹ,
Aerienne e Visqueusẹ.
E cetẹ mutacion
Ẹ't d'unẹ longuẹ accion:
E d'un long trẹt desçanduẹ,
Dẹ long tans n'ẹt pas fonduẹ.
Les Biez nouuclẹz e Vẹrs
D'un blanc tapis sont couuẹrs,
Qui dẹ sa froẹdeur retardẹ
Leur Vẹrdurẹ trop galhardẹ.
Iz sont couuèz la dẹssouʒ

Tant

Tant que les chans sóęt dissous
Par la chaleur atrampeę
Qui rand la Tęrrę trampeę.
Cetę humeur ęt nourrissant
Tout le Tęrroę verdissant,
Qui d unę joyeuśę atantę
L'auarę vilein contantę.

Les Vans.

Dęs le premier vniuęrs,
Furęt a tous vans diuęrs
Les placęs detęrmineęs,
E les vęrtuz aßineęs.

Solęrre, agreablę vant,
Souflę au milieu du Lęuant!
Cecię, atirę la Nuę:
Eurę, les arbręs denuę.

Le Ponant tout fauorìt
De Zephirę qui florìt:
Libę, d'oragę epouuantę:
Corę, les Froęduręs vantę.

Austrę, boufę du Midi,
Moulhe, pestilant, tiedi:
Libonotę, pleùt e tonnę:
Euraustrę, pluyę ancor donnę.

                    f 3   *Borę,*

Boreɇ, froɇd e ſɇc , pàrt
Du Nort, glacialɇ part:
E lɇ tourbilhɇꝰ Circiɇ:
E Galɇrnɇ an froɇd noɇrciɇ.

'Mɇs trop dɇ tans il faudroɇ̀t
A qui declerer voudroɇ̀t
Leurs nons e forcɇs, diuɇrſɇs
Sɇlon leurs cours e trauɇrſɇs.

Tant dɇ ſituacions
Font tant dɇ mutacions,
Sɇlon les Mers rancontreɇs,
E les Solɇz des contreɇs.

Cɇ grand Soleilh proſperant,
Orɇs les và tamperant,
Or les rechauffɇ, or les glacɇ,
Dɇ procheinɇ ou lointeinɇ placɇ.

'Iz ſont ſes courriers hátiʒ,
E ſes miniſtres aɕtiʒ,
Tous alans la ou il les mandɇ,
E feſans cɇ qu'il commandɇ.

Iz temoignɇt viuɇmant,
Lɇ Tɇrreſtrɇ mouuɇmant,
Qui fɇ̀t par rondeurs meneɇs
Ses reſpirs e alɇneɇs.

Leurs

Leurs grandes varietez,
E leurs contrarietez
Temoignet que tout varie,
E que tout se contrarie.

Ce que le Monde contient,
D'oposités se soutient,
E l'annemi qui resiste,
Fèt que l'annemi persiste.

Quelquesfoes ces vans laschez,
Contre les Terres faschez,
Or ça e la se repandet,
Or paransamble se bandet:

Le Chéne vieus assalhans,
Par rancontre batalhans,
Au branchage trouuet prise
Propre pour leur antreprise.

De leurs furieus discors
Iz pourmenet ce grand cors:
Il ęt poußè e repoußę,
Sa forcę eidę a la sęcoußę:

Il geint, e les efors font,
Partir la terre au parfond:
E les racines antorsés
Desja craquet souz les forcęs.

Tant

Tant e tant d'ebranlęs fęʒ
Lę froęſſet dęſſouz ſon fęs:
E du randon lourd qu'il donnę,
L'Ęr e la Tęrrę il etonnę.

La Foudrę.

Lors que la Nuę an haut caliginęuſę
A l'Ęr au largę obſcurci e couuęrt,
Vnę vapeur ſutilę e luminęuſę
Lui fuit dęuant, chęrchant paſſagę ouuęrt:

Męs an montant, lę froęd ęllę rancuntrę,
Qui la rępouſſę, e la fęt rabęſſer:
Puis au rabęs ęllę retrouuę ancontrę
L'epęs Nuau dificilę a pęrſer.

Einſi etant anfęrmęę e ſurpriſę,
Va e ręuient d'un cours vitę e fuitif:
Ęllę tranluit, e les nuagęs briſę,
An flamboyant cę Tonnęrrę bruitif.

Nę voęt on pas dedans la creuſę canę,
Que les Anfans bouſchęt de chaque part,
Lę Vant anclos, qui au pouſſer ahanę,
Quel bruit par l'Ęr il donnę quand il part?

Męs

Mes ancor mieus, la machine guerriere,
Quand an ce sec poudreus le feu se mèt,
Qui ne pouuant salhir haut ni derriere,
Sort par le lieu qui sortir lui permèt.

Einsi l'esprit, flamme si clere e pure,
Ne pouuant ètre an serre detenù,
Fèt parmi l'er l'esreyable rompure,
Quand il èt mètre a force deuenù.

Or coup à coup vous le voyèz treluire,
E parcourir l'epesseur le greuant:
Or de sons sours e mornes l'oyèz bruire,
Ores veinqueur la nue và creuant.

Or on l'oèt pres, or au loin se dilate,
Fracassant l'er d'alers e de retours:
Voeci l'ecler, e le Ciel qui s'eclate,
Il pàrt il frape il bàt arbres mons tours.

La Terre e l'Er l'un a l'autre s'assamblet,
Des Cieus venant le bruit remonte aus Cieus:
Es lieus voesins les keurs prosterne̅z tramblet
Au populere humble e deuocieus.

Adonq des Vans se ranforce l'apresse:
Le Ciel trammèt an bas ses tourbilhons,
Ratans de pluye horriblemant epesse
Les boes, les eaus, les mons, chans e silhons.

f 5　　　　　Que

Qųe dira lon d̨e cet̨e ardant̨e Foudr̨e,
Du Dieu vang̨eur l̨e dard a troȩs tranchans?
Dont il noȩrcit, ou ront, ou mȩt an poudr̨e
Arbr̨es, ou roᶼ, ou bȩt̨es par les chans?

N̄at on pas vu aus pátur̨es des hȩrb̨es
Sambler tout vif l̨e foudre animal?
Ou l̨e pasteur, an af̨ȩssant f̨es g̨erb̨es,
Ȩtr̨e ja mort, fans fambler qu'il ȩt mal?

Tout aud̨edans leur và penetrer l'am̨e
C̨e vif efprit, qui les efpriᶼeteint:
E n̨e f̨e voȩt que l̨e cɔrs il antam̨e,
L̨e leur l̨ȩffant tout tel qu'il l'à ateint.

Ne l'at on vu (o admirabl̨e chof̨e!)
Secher l̨e vin fans ofanfer l̨e fút?
E au fourreau fondr̨e la lam̨e anclof̨e,
Sans qųe l̨e cuir rien andommagè fút?

D̨e c̨e feu cler l'accion inuifibl̨e
Paff̨e fans mal l̨e cors rar̨e an l'inftant:
M̨es fa malic̨e ȩt puiffammant nuifible
A c̨e qui ȩt plus dur e refiftant:

Tant ȩt la flamm̨e, es haus lieus afinęe
Ague, vive, e pront̨e a confumer,
Au pris d̨e c̨elle an c̨e bas monde nęe,
T̨erreftr̨e, epȩff̨e, e longųe a alumer.

                                        L A

LA LVNE.

Seur de Phebus, la plus proche des Terres,
Ornant la nuit de noer ammantelee,
Plus que les sis legeremant tu erres
L'oblique tour de la voee etelee.
Tu reluis la plus euidante
Du Ciel, apres la lampe ardante
De ton Frere, qui te ranflamme,
Tous tes moes, de nouuelle flamme.

Tant plus de lui te depars e t'elongnes,
Plus il te rand a luire dispofee:
E lors fes rez an plein rond tu ampongnes,
Quand tu lui es de droet fil opofee.
Puis te refet a la raproche,
Vn vide obfcur, qui fe recrochs,
Demeurant clere la partie
Que tu tiens vers lui conuertie.

Non que ton luftre an foet plus grand ou moindre:
Car foet qu'au loin tu foes acheminee,
Ou qu'auec lui tu te vienes conjoindre,
Tu es tousjours demie ilumineee:
E an quelque celeste place,

                                        Tu

Tu montrɇs tousjours pleinɇ facɇ:
E au regard de l'une ou l'unɇ,
Tu ɇs tousjours an intɇrlune.

Diuɇrs aſpɇz, feſant du Ciel le cɇrnɇ
Tu vas keulhant des vns e puis des autrɇs,
An rɇcɇuant ce que chacun decɇrne,
Ou vans, ou froɇz, ou tonnɇrrɇs ou auſtrɇs.
Or ton rond ſɇ rougit ou dorɇ,
Ou de palɇ ou blanc ſɇ colorɇ:
E brief, tu te montrɇs diuɇrſɇ
An gre de l'ɇr que l'eulh trauɇrſɇ.

Au demitour de ton cours luminerɇ
Aſſez ſouuant te nuit la Tɇrrɇ ombreuſɇ,
Qui t'antrɇront la faueur ordinerɇ
Du Frerɇ tien, e tɇ rand tenebreuſɇ:
E par ɇllɇ tu ɇs noɇrciɇ,
Cɩmmɇ ɇllɇ ɇt par toɇ obſcurciɇ,
Lors que tu viens an Diamɇtrɇ
Antrɇ ɇllɇ e lɇ Soleilh tɇ mɇtrɇ.

De l'Ocean la violancɇ roɇdɇ,
Auɇquɇs toɇ an tournoyant tu virɇs:
Car toɇ etant commɇ lui moɇtɇ e froɇdɇ
Par ſimpatie il virɇ quand tu virɇs.
Qui plus ɇt, il ſuit ta lumierɇ
D'unɇ meſurɇ coutumierɇ:
Car commɇ tes feuƵ aparoɇſſɇt,
Sɇs eaus apɇticɇt ou croɇſſɇt.

                                   Des

Des cors mouuans les mouęllęs e veinęs,
sont a ton cours visiblęmant anclinęs:
Quand tu ęs pleinę, außi sont ęllęs pleinęs,
E vont a moins einsi que tu declinęs.
Mémę quand tu tę ręnouuęllęs,
Les auęrtincuſęs cęruęllęs
A leurs intęrualęs ręuienęt,
E dę ton nom leur nom rętienęt.

An leurs foręz les animaus ſauuagęs,
E les oęſeaus au vaguę tu gouuęrnęs:
Les poęſſons muz, es liquidęs riuagęs,
Les froęs ſęrpans, an leurs orbęs cauęrnęs:
E ton chang'ant nous ſinifię
Lę tans qui ſę diuęrſifię,
E des choſęs les longuęs ſuitęs
Par ſi diuęrs chęmins conduitęs.

Męrcurę.

Ton Etoęlę, o Dieu dę facondę,
Des ſęt tient la placę ſęcondę,
Dę toutęs la moindrę an rondeur:
Męs ta deïte ęt ſi grandę,
Quę les Humeins t'ont fęt offrandę
Du haut nom dę triplę grandeur.

Par tes ordinerçs męſſagęs
Tu fęs e reſęs les paſſagęs

Aus bas Anfers e aus haus Cieus:
E par tes harangues sacrees
Aus hommes mortez tu agrees,
Fidele interprete des Dieus.

Tu as a tes deus piez duisantes
Les Talonnieres d'or luisantes,
Dont chacune ele t'eleuant,
Soèt que sus la grand' Mer tu erres,
Ou sus les spacieuses terres,
Te fèt aler quand e le vant.

Tu portes la puissante verge,
Qui les pales ombres submerge,
Ou rapele de l'Orque bas:
Les yeus fermez elle reueilhe,
Les yeus ouuers elle assommeilhe,
E apointe les fiers debaz.

Le Soleilh, de tous Feuz la guide,
A ton feu tient la serue bride,
E lui aterme son santier:
Ne lui lessant prandre carriere,
Soèt dauant lui, ou soèt derriere,
De l'espace d'un Sine antier.

Or il ét contant qu'on te voge
Aus Indes, alors qu'il t'annoge
Hors la Mer le matin ouurir:
Or au soer te donne l'esconce,

                                      De

De pouuoèr ta rare preſancé
A ton grand pere decouurir.

Venus.

Deeſſé etęrnęllé aus beaus yeus,
Alme Venus, Cipris la bęllę,
Pleſir des hommés e des Dieus,
Guęę guęęmant je t'apęllę.
C'ęt bien a nous a te chanter,
A nous, de qui tant tu meritęs,
Quand tu nous deignes preſanter
Le triple honneur de tes Caritęs.

Le lieu prochein t'ęt deputè
Au Soleilh des choſes le perę:
Car ſans ta ſeintę volupte,
Rien ne croęt e rien ne proſperę.
Tantót d'un beau feu euidant,
Tu ſors de ſon jour la fourrierę,
Tantót te lęſſé an Occidant,
Pour le ſęconder au dęrrierę.

E puis a ſoę cę tien Phebus
Retirę le frein de tes Cinęs,
Quand iʒ ont parfourni les buʒ
D'un e dęmi des douʒę Sinęs.
Adonq vęrs ſon feu qui tant luìt

_Tu_

Tu r̨torunȩs toutȩ timidȩ,
Qui toutȩfoȩs tant moins te nuìt,
Quant plus tu ȩs froȩdȩ e humidȩ.

Telȩ foȩs au Midi śȩrein
Auprȩs dȩ lui tu ȩs viſiblȩ,
Combien quȩ ſon feu ſouuȩrein
Soȩ̀t a tous autrȩs Feuȝ nuiſiblȩ.
Seulȩ des cinq moindrȩ́s ȩrrans
Par la fantȩ du logis ſombrȩ,
Commȩ vn nouueau Croȩſſant, tu rans
Aus cors opoſitȩs leur ombrȩ.

C'ȩ̀t Deȩſſȩ, par ton ſȩcours,
Quȩ la Naturȩ́ s'euȩrtuȩ,
E qu'an filant dȩ cours an cours
Ses ſiecles ȩllȩ pȩrpetuȩ:
Quand du grand Mondȩ les viuans
Dȩ tes plȩſirs nȩ degenerȩt,
E tousjours ton inſtinĉt ſuiuans,
Nȩ peùt qu'iȝ nȩ ſȩ regenerȩt.

Ton beau Printans continuȩl
Nouuȩllȩ́s Beautȩȝ tousjours crȩȩ,
Qui aus Tȩrrȩs n'ȩ̀t qu'annuȩl,
Sȩſon a ta Beautȩ ſacrȩȩ.
An toȩ d'agreablȩ vȩrdeur
Tes honneurs croȩſſȩt e vegetȩt:
Les ſieurs dȩ delicatȩ odeur
Tousjours par l'ȩr leur bamȩ getȩt.

Par

Par toę recouvrę e refreschìt
La Tęrrę ſa ſęſon cureuſę,
Qui dę tes beaus dons s'anrichìt,
Par toę ſecondę e plantureuſę.
Dę toę ęlle prand ſes verdeurs,
Par toę ſon plęſir ſę limitę:
Dę toę ęlle prand ſes odeurs,
An ſon ęr ton luſtrę ęlle imitę.

Sus la fin de l'Yuęr vanteus,
Les Oęſeaus dę diuęrs plumagę
Pręmiers ſę bandęt par antr' eus,
E t'anoncęt dę leur ramagę.
Puis quand l'Ęr haut tu as epoint,
Pour a la Tęrrę ſę conjoindrę,
Eus tout acoup dę męmę point
Dę ton Feu ſę lęſſęt epoindrę.

Troupeaus domeſtiquęs n'ont pęs,
Tous ęmęt, tous dę toę abondęt:
E les Fieręs des boęs epęs
An tes furięs ſę debondęt:
E les Peuplęs Neptuniens
Brulęt ſouz l'eau, dę tant dę formęs,
Tant dę Monſtres Tritoniens,
Fouſchęs e Baleinęs enormęs.

Męs a l'Animal dę reſon,
O Dęęſſę, par quel preſagę
N'ęt limitęe la ſęſon

g   Dę ton

De ton plęſir, de ton vſage?
Ęt il permis de dire ici,
Venus, que tu ęs corporee?
E que tu as vne ame auſſi,
Pour doublęmant ętre adoree?

O hommęs de trop de façons!
O hommęs de trop de panſees!
O hommés de trop froęz glaçons!
O de fureurs trop inſanſees!
Non, Deęſſe, je me retièn:
E di que les Hommęs e Fammęs
Par la grand' force du Feu tien
An toutęs ſortęs tu anflammęs.

Męmęs les plus rudęs e ſoZ
Dedans leurs keurs te donnęt placę,
Quand ta flamme dedans les os
Soudein leur fęt fondre la glacę:
Einſi qu'un fulmineus Ecler
Brilhant, qui coup acoup redoublę,
Se dilate, e penetre a cler
Tout le long de la Nue troublę.

Bien eureuſe ęt ta Region,
Ou les keurs ſi douſſęmant ardęt:
Ou habitę vne Legion
De Cupidons qui leurs tręz dardęt:
Region de keurs marieZ
De toutęs amitiez gemęlęs,

Ou ſont

Ou sont si bien apparięz
Tous Málzs e toutęs Femęlęs.

Milę bęsers, milę soulas,
Milę bouquęz s'antrepresantęt:
Des jeuz jamęs iz nę sont las,
Tousjours ciet, toussiours plęsantęt.
La nę faut point ętrę douteus:
L'un ęmę cę quę l'autrę prisę:
Rien nę nuit lę jour au hontęus,
Ni rien la hontę a l'antreprisę.

Bien eureus jour qui point nę nuis
A la genialę lięce:
An Tęrrę on nę vèut quę les nuiz,
Pour l'efęt dę sa hardięcę.
Peur, soupçon, deulh e maleurte
Santęt leur Amour Tęrriennę:
Foę, honneur, joyeusę surte
Sont dę l'Amour Veneriennę.

L'Amant au flori jardinęt
Auęc sa Ninfętę sę jouę:
Lui mèt la mein au tętinęt,
La rougeur lui montę an la jouę:
Quę feroèt ęllę? ęl' lui complęt,
Ęllę l'ambracę, e il la bęsę:
E lui plęsant cę qui lui plęt,
Sa flammę amoureusę il apęsę.

Dedans vn jardinęt flori,
Vne gracieuſe Ninfęte
Se joue auęc ſon fauori,
Pour d'amour ętre ſatifęte:
Que feroęt il, quand il ęt pris?
Beſant ſa bouche ſauoureuſe,
L'ambraſę : e l'un e l'autre epris,
Apeſę ſa flammę amoureuſe.

Volupte tient a l'anuiron
Ses Ninfęs riantęs e guęęs,
E cę pętit Dieu au giron,
Qui blęcę de ſi douſſęs plęęs.
Son eſtomac dous reſpirant
Pouſſę deus rondęs montagnętęs,
Chacunę a part ſę rętirant,
Aboutęęs de deus guignętęs.

Le Col de lętęe blancheur,
E les Cheueus d'or, qui folętęt
Au gre de la ſoęuę fręſcheur
Des Zefirs qui parmi volętęt:
La loue ſa hauteur randant,
Teintę de beaute vęrmeilhętę,
Comme la pommę ancor pandant',
Męs qui ęt pręs dę ſa keulhętę.

Vne bouchę qui tousjours rit
De deus bors animez d'un rougę,
Trętiſſę, e qui vous fauorit

Parlant

parlant, ancor qu'el' nę sę bougę.
yn Eulh de hardię doussęur,
Qui ça e la folátrę menę
Son noęr de longuętę grossęur,
A fleur d'un arc poli d'Hebenę.

Flutęs, Epinętes e Luʒ
Sonnęt les galhardęs cadancęs:
E ceus qui s'antrę sont eluʒ
An long, an tour menęt leurs dansęs.
Deus a deus, or loin e or pręs,
Tout a la foęs iz s'antręguignęt:
Puis ça, puis la leurs piez propręʒ
Tournęt sautęt viręt trepignęt.

Cetę Deęssę des plęsirs
Par l'Vniuęrs les joęęs semę
E gouuęrnę tous les dęsirs
Dont par tout plus ou moins on s'emę.
Les Amans s'i vont nourriçans
Dę ces deliz qu'iz i ręçoęuęt,
Leur jeunęcę ręfloriçans
Des nęctars amoureus qu'iz boęuęt.

An cę Pourpris sę formę vn Beau
Des Sons, des Vęrduręs, des G'ammęs:
Męs commę quoę? commę vn flambeau
Iluminant dę plusieurs flammęs:
Vn Beau, Ideę dę beautęʒ
Misę an ręsęruę precieusę,

Ou les

Ou les vręz dęſſeins ſont notèZ,
Dę toute choſę ſpecieuſę.

Car la, vn beau ſon ęt ſęmè,
La, ęt vnę Couleur emeę,
La, le beau tręt d'un cors eme,
La, vnę Odeur bęllę ęt ſęmeę.
Brief, cęllę Beaute ſi epard
Dę toutęs Beautez la plus mondę:
Le Soleilh pourtant mis apart,
Beaute des Ideęs du Mondę.

Lę Soleilh.

Qui pourra tę chanter d'unę aſſez hautę voęs,
O Flambeau radieus, eulh mondein qui tout voęs?
Toę quę l'eulh plus hardi nę pèut choęſir a fęrmę,
E qui as a tes ręZ vn infini pour tęrmę.

Tout ęt rampli dę toę, ranforcè, fauori:
A l'aprocher, tu fęz lę Printans reflori:
Les partięs du Tans par toę ſont ordonneęs
Par Sieclęs, Ans e Moęs, par Heuręs e Iournęęs.

Tu fęz prandrę couleur aus voyablęs obgęZ,
Par toę les yeus voyans aſſuręt leurs progęZ,
Ecartans leurs vęrtuz ſus les choſęs difuſes,
E les ręconnoęſſans an ſoę par toę infuſęs.

An toũ

An ton Char triomphant tu demeures aßis,
Einſi qu'un Ampereur, anuironne des ſis:
Einçoęs tu ęs ſpectable au haut milieu du Monde,
Egalant tes reyons egeteȝ a la ronde.

Tu ęs le plus grand Cors des cors dę l'Vniuęrs,
Tu ęs le plus beau Cors dę tant dę cors diuers:
Tout ſeul luirę tu veûs, quelquę part que tu luiſęs.
D'unę viuę ſplandeur quę dędans toę tu puiſęs.

La blancheur Cintiennę on voęt bien eclipſer,
Męs ta ſeulę clęrte ne peùt apęticer,
Quelquę ombreus qui s'opoſę aus tręȝ dę ta lumierę:
Pour cę qu'ęllę ęt an toę e natiuę e pręmierę.

Cę n'ęt pas toutęfoęs ſans deſaſtrę e mechef,
Quand ta Seur dę ſon cors vient couurir ton cler chef:
Car cetę obſcurite (męs l'homme ignorant ęrrę)
Ęt l'Eclipſę pour vręi dę l'Aſtrę dę la Tęrrę.

Tout cę qui ęt au Mondę ęt ſouȝ ton accion,
E dę nul tu nę peûȝ ſoufrir mutacion:
Car toę pouuant ſoufrir, point il nę s'imaginę
Quę puiſſę plus eter lę ſęs dę la Machinę.

Cęlui mieus connoętra an quel point tu agiȝ
Dę tes Feuȝ etęrnęȝ ſus le Mondę elargiȝ,
Qui voudra contampler les męſons fęnętreęs,
Dę ton reyon tretiȝ par l'obſcur penetreęs:

ǵ 4   Reyon

Reyon, nęt, acompli d'indiuiſibles cors,
Léquez ont parantr'eus continuez diſcors,
Se heurtans pęlemęle : e comme les vns cedet
Sans fin du plein luiſant, les autres i ſuccedet.

Tu ęs acompagnè de Stilbon e Venus,
Ordineres ſuiuans pręs de toę ratenuȝ,
Montrans plęſir par tout e vigilance caute :
Mars tę va cotoyant, e tę tient la mein haute.

Iupiter, debonnere e profitable t'ęt :
Saturne froęd, panſif, de tes ſecrez ſę t'ęt :
Tous léquez par les chans de la vague carriere
Tu fęz marcher auant, ou retourner arriere.

Tu tiens les Animaus a toę deuocieus,
Tu les reueilhes tous aus fęȝ negocieus :
Tretous pour traualher t'atandęt e aguętęt,
E de ton haut Midi tu les voęȝ qui banquętęt.

E puis iȝ metęt but a leurs journęȝ trauaus,
Quand an ſes eaus, Tetis refreſchit tes Cheuaus :
Tandis qu'iȝ t'ont preſant, iȝ font, iȝ vont, iȝ veilhęt :
Męs quand tu ęs an bas, tous ceſſans iȝ ſommeilhęt.

An toę rien n'ęt obſcur, a ton jour rien ne nuit :
Ton eternel matin ne connoęt point de nuit :
An toę le grand Demon Signeur fęt reſidance,
Qui gouuerne les Feuȝ de clere prouidance.

Alheurs

'Alheurs on à de toę l'imaginacion
Des treʒ groſſemant pris par imitacion,
De vertuʒ, de ſauoęr, de faueurs, de ſageſſe,
D'honneurs e majeſteʒ, de pouuoęr e largeſſe.

O diuine beaute, qui poſſedęs e tiens
Les Ideęs an toę de tous celeſtes biens!
Tout cę qui ęt an toę tient eureuſe ſa vie,
Contant de ſon parti, e ignorę l'anuię.

E vous, o qui auèz placé an cę Paradis,
Muſęs plus quę noʒ Sœurs, de voz yeus plus hardiʒ
Voyèz vous point cę Dieu plus grand, plus beau, plus prochę,
Quę nę lę voyons pas an cete creuſe Rochę?

Qui pourtant ſi ſouuant nous deignę viſiter,
Quę tousjours il nous ſamblę auęc nous habiter:
Pourcę qu'il nę connoęt quę toute gratitude
An notrę venerablę e ſeintę ſolitude.

Einſi vivons tousjours contantęs de ſes dons,
Qu'aus Poëtęs deuoz ſans ceſſe nous randons:
Car de l'eſprit Phebiquę e faueur il nous reſte
Autant, quę ſi cę Roc etoęt ſon lieu celeſtę.

g 5   *Mars.*

Mars.

Iͼ nͼ peù ſans horreur cͼ cruͼl Dieu chanter,
Ni panſer ſans fremir ſon irͼ ſanguinerͼ:
E du ſouuͼnir ſeul mͼ ⁀vient epouuanter
Cͼ Dieu, qui ͼt des Dieus l'annͼmi ordinerͼ,
Annͼmi tout contrerͼ a leurs intancions,
D'eus qui n'ͼmͼt quͼ Pͼs, lui quͼ contancions.

Sans lui ſͼroͼ̀t lͼ Monde an ⁀vn contantͼmant
D'amour, religion, juſticͼ, ejouiſſancͼ:
Mͼs cͼ Dieu outrageus mͼ̀t hors l'antandͼmant
Des ⁀vns la ⁀voulonte, des autrͼs la puiſſancͼ:
Car il ⁀và rauiſſant dͼ ſes brigandͼs meins
Les preſans quͼ les Dieus ⁀veulͼ̀t ferͼ aus Humeins.

Cͼlui qui tout regìt d'un Ampirͼ etͼrnͼl
Aborrit dͼ cͼ Mars l'intretable colerͼ,
Si fort, quͼ ſi n'etoͼ̀t lͼ reſpet patͼrnͼl,
Qui fͼ̀t qu'un Perͼ Dieu ⁀vn ſien fiꝫ Dieu tolerͼ,
Au gre des autrͼs Dieus prͼs dͼ lui habitans,
L'ùt pieça confondù plus bas quͼ les Titans.

Pourautant à poſè cͼ toutpreucyant Dieu
Son proprͼ Aſtrͼ benin ſus lͼ Soleilh iluſtrͼ,
E cͼ Mars rougiſſant à rangè au milieu,
Afin qu'il s'atrampát dͼ l'un e l'autrͼ luſtrͼ:
Autrͼmant des aſſaus dͼ cͼ Lou anrage,
Sͼroͼ̀t a tous les cous lͼ Mondͼ ſacage.

Anͼ

Ancores là ou il ęt, ne lę peuuęt garder
Si bien, que trop souuant par lę Cęrcle il n'echapę:
Ou, quand quelque autrę Dieu lę vient a regarder
De sęs yeus peu amis, il grinsę qu'il nę frapę:
E fięrt, pour sę vanger, la Tęrrę dę sęs dars:
Męt bandęs an campagnę au flot des etandars.

Il sęt sęs batalhons par filęs ordonneȝ,
Montrans vnę foręt de longuę e droętę talhę:
Tout etonnęt autour les Tabours antonneȝ,
E la sont les deus Frons tous pręȝ a la batalhę:
La Trompetę an leurs keurs sęt vnę ardeur santir,
E l'ęr d'horriblę ton tout autour retantir.

Lors les rans annęmis, aprochans a la foęs,
Les couragęs an haut,e les tętęs bęssęęs,
Se heurtęt coup a coup des pointęs des lons boęs,
Poussans, fęrmę planteȝ an leurs plaçęs pressęęs.
O ja presque veincuȝ, quand cę rang ęt rompù,
E que l'efort premier soutenir iȝ n'ont pù!

Que si lę Chef valhant à sù randrę les keurs,
D'un vigoreus parler, aus bandęs dißipeęs,
Les veincuȝ reuolteȝ ancontrę les veinqueurs
Tienęt pie contre pie, e rouęt les epeęs,
Mein a mein, pęlęmęlę, hommę auęc hommę epęs,
Prodiguęs dę leur sang, o Mars, dont tu tę pęs.

On voęt de l'autrę part les Gandarmes puißans
Reluirę tout a blanc, furieusę cohortę,

Sus

Sus les cheuaus guęrriers d'apręcę bondiſſans,
E tienęt an l'arręt la lancę roędę e fortę:
Souʒ eus iʒ font trambler la tęrrę an dępartant,
E lę Ciel du randon tonner an ſę heurtant.

Iʒ voltęt les courſiers d'aler e de rętour:
Or iʒ viręt an rond, ręuiręt e trauęrſęt,
E dę la maſſę durę au milieu dę l'etour,
Ou du fort Coutęlas, rompęt, talhęt, ranuęrſęt
Les hommęs e cheuaus : e lę dru abatis,
De ruiſſeaus tous ſanglans abruuę les pátiʒ.

Męs n'ęt il bon a voèr quę cę guęrrier gourmand
Nę ſauroèt que dę mors e ruinęs ſę pętrę,
Quand il à ſęt trouuer du Mondę lę tormant
Qui vomìt lę boulęt e lę ſoufre ſalpętrę,
Frapant e ręfrapant a tant e tant dę tours,
Quę des couʒ foudroyans, murs a bas boutę ou tours.

Donquęs a Iupitęr, Mars à bien peu d'egard:
Donquęs pour lę Soleilh Mars nę ſę veut reſreindrę:
Męs bien l'almę Venus, auęc vn dous ręgard
Lui pourra ſus lę champ ſon maltalant retreindrę.
L'almę Venus acoup i peùt donner repit,
E (au moins pour vn tans) apęſer ſon depit.

Commę ſi quelquefoęs l'acier dę feu brilhant
Ęʼt portè tout brandi dę l'ardantę fournęſę
An l'eau du forgeron, il antre gręſilhant
An l'humeur qui l'eteint e raſſièt a ſon ęſę:

                              Einſi

Einſi le fier regard de ce Dieu colere,
Des beaus yeus de Venus ęt ſoudein moderè.

Il ſe ſant rebruler, męs d'un feu plus benin,
Lui coulant par les os la flamme vigoreuſe,
Qui le fęt treſſalhir, par vn contreuenin,
Du combat furieus an la peine amoureuſe:
La ou de dous beſers ambameZ de dous ris,
ſes eſpriZ alenans pręs a pręs ſont nourriZ.

Venus, dame de Mars, ne le lęſſe an aler
Du lien de tes bras, dont tu le tiens e ſerręs:
Beſe, flate le tant, de ris, d'yeus, de parler,
Tant e tant, qu'il t'acorde vne fin a ces guęrręs,
Qui au bas Monde font ſi annuyeus efors,
Sous les deus gouuerneurs du Monde les plus fors.

MOINS E MEILHEVR.

VERS LIRIQVES.

A MADAME MARGVERITE
Seur vnique du Roę,
O D Ę.

I pieça ma Muſę premierę
A' pris clęrte dę ta lumierę,
Princęſſę, honneur dę ces bas lieuɀ:
Si a toę ęllę s'ęt vouęɀ,
E ta grandeur ęl' à louęɀ,
Princęſſę, ſoin des plus grans Dieuɀ:
A cetę foęs tę plęſę ancorę
La recęuoęr, e l'auouër
Qu'ęllę de ton nom ſę decorę,
E qu'ęl' tę puiſſę ancor louër.

S'ęllę vient recherchęr la placę
Que quelquefoęs dęuant ta facę
Son bon eur lui à fęt tęnir,
Soutièn lui ſa ſęcondę atantę
Vęrs toę dęuote, e la contantę
D'un fauorablę ſouuęnir:
Quand tout auoęr ęllę ſę panſę,
Si cę ſeul point dę toę ęl'à:
E pęrdrę toutę recompanſę,
Pęrdant anuęrs toę cę point la.

Car

Car panses tu, haute Princesse,
Que la peine ou se mèt sans cesse
Vn Poète qui à bon keur,
A'autre fin se vase randre,
Que d'an pouuoèr vn guerdon prandre
De tous autres guerdons veinqueur?
Quand le lieu d'ou depand sa gloere,
E ou elle doèt retourner,
Par euidance lui fèt croere
Qu'il èt prèt de la lui donner?

Les Muses, qui sont eternelles,
Cela, antre autres, ont an elles,
Que leur don de perfeccion
Ne depand point de manterie,
N'èt point sugèt a flaterie,
Ne tient rien de l'afeccion:
Car c'èt vn don qui ne s'achete
De l'androèt duquel on le tient,
E qui ne se prand an cachete
De cil a qui il n'apartient.

Aussi cet eur qui le cotoee,
E le grand plesir qu'il otroee
A ses professeurs le fèt cher:
Dont tant plus i à de franchise,
E tant plus il faut qu'il i gise
D'annui e soin pour le chercher.
E pour cela que tant il coûte
Meinz sont contreins de le quiter,

Quand

Quand le labeur les an degoûte,
An ne̜ le̜ pouuant meriter.

Einsi, ne̜ t'ebahì, Madame̜,
Si tout ce̜ propos je̜ t'antame
D'un ʒe̜le̜ qui du ke̜ur me̜ pàrt:
E moins ancore̜ t'eme̜rueilhe̜,
Si quelque̜ de̜sir me̜ reueilhe̜,
Anne̜rs toe̜ d'an auoe̜r ma part:
Car etant de̜ ceus qui pretande̜t
Ce̜ don que̜ je̜ te̜ ramantoe̜,
Suis auſſi de̜ ceus qui antande̜t
Qu'il ne̜ ſe̜ prand point mieus qu'an toe̜.

Aupre̜s de̜ toe̜ an milé ſorte̜s
Tu fauoriſe̜s e ſuporte̜s
Ceus qui veule̜t aler auant:
Me̜s de̜ toe̜ la plus admirable̜,
C'e̜t la louange̜ de̜sirable̜
De̜ ton temoignage̜ ſauant:
Quand on estimé ce̜ merite̜
E̜tre̜ tout plein de̜ verite̜,
Lors qu'on le̜ tient e qu'on l'herite̜
D'un lieu de̜ ſi grand' rarite̜.

Par douſſe̜ force̜ tu alliche̜s
Les Poëte̜s, pour tes dons riche̜s
De̜ faueur leur fe̜re̜ goûter,
Einsi que̜ par ſutile tre̜te̜
Du Soleilh l'humeur e̜t atre̜te̜,

Pour an tęrrę la degouter:
E cęlui qui dę toę n'aprochę,
Groſſier ou trop ignorant ęt:
Ou d'ingrat ancourt la ręprochę
Cęluila qui dę toę ſę tęt.

Les Poëtes qui emer ſauęt,
Dedans ſoę tes beautez angrauęt:
Dedans toę chęrchęt leurs moętieʒ,
An toę leurs keurs ſę paſſionnęt,
An toę leurs keurs s'afeccionnęt
Par leurs diuinęs amitieʒ.
Car an eus vne ardeur tu pouſſęs
Du tręt dę tes celeſtes yeus,
E de tes faueurs ęgrędouſſés
Touſjours les contreins d'emer mieus.

Parmi tes vęrtuz iz floriſſęt,
E de tes gracés iz nourriſſęt
Leurs couragés impetueus:
E tant plus leur amour eprouuęt,
E plus fort a emer iʒ trouuęt
Dędans cę ſugęt vęrtueus:
A meſurę qu'iz s'agrandiſſęt,
Plus iz admiręt ta grandeur:
E d'autant plus qu'iʒ reſplandiſſęt,
Plus iz connoęſſęt ta ſplandeur.

Leur dęſir vęrs toę les anuoęę,
Ta douſſeur leur ouurę la voęę,

　　　　　　　　　　　　Ta ma

Ta majesté leur fèt santir
vn feu vif dedans la poetrine,
Qui peu a peu les andoctrine,
Pour de la peur se garantir.
Einsi tousjours iz se disposet
A l'inſtint qui les fèt mouuoèr,
E an fin tant e tant iz oset,
Qui̧ peuuet, an cuidant pouuoèr.

E moę si je suis solitere,
Si par les foęs je me veü tere,
E les grands lieus bien peu hanter:
Si ętce qu'an ma departie,
Me samble tenir ma partie
Auęc ceus qui sauet chanter.
Plus ęt prochein des neuf compagnes
Qui plus vit soliteremant,
D'elles, qui dedans les montagnes
Habitet ordineremant.

Leur grand esprit elles departet
A ceus qui du peuple s'ecartet,
De l'eur solitere rauį̧:
E des choses autrefoęs vues.
Les viuęs e fermes reuues
Leur represantet an l'auis,
E leur secouet les tenebres
Par vne inspiree clerte:
Męs aus lieus qui sont trop celebres,
N'ont pas si grande liberte.

h ij   *Il me*

Il me samble qu'an solitude
Ie suis an plus grand multitude,
E an vn monde plus frequant:
E mệme que j'e cete ẹsancẹ,
De te voẹr, Princẹſſe, an preſancẹ,
Oyant ton parler eloquant.
Des yẹus, dont plus ſouuant je veilhẹ,
Ie voẹ le teint de tes beautez:
I'antàn de ma meilheurẹ oreilhẹ
Le ſon vif de tes Royautez.

Car le nom des Princes reſonnẹ
Tout au plus loin de leur pẹrſonnẹ,
Auſſi bien que de prẹs, ou miẹus:
On antand des placẹs lointeinẹs
Les nouuẹllẹs voẹs e hauteinẹs
De cẹ qu'on fẹ̀t es Royaus liẹus:
Cẹr la Famẹ de leur hautẹſſẹ
Croẹ́t or e or, e de rechef
An alant aquiẹ̀rt ſa vitẹſſẹ,
Eleuant aus Nuẹs ſon chef.

Ie te voẹ anſuiurẹ la tracẹ
Des grans Deẹſſẹs de ta race,
Palas, Cibelẹs e Iunons,
Qui vont au Ciel e an retournẹt,
E l'une aprẹs l'autrẹ ſejournẹt
An la France, i leſſans leurs nons.
I'auiſe les humeinẹs doutẹs,
Si tu tiens an ce Ciel Françoẹs,

La place

La place de l'une ou de toutes,
E laquele il faut que tu soes.

Ie voe mieus que je ne deuine,
Ta grandeur constante e diuine
Escuser cete Humanite:
E a tous etant fauorable,
A soeméme étre secourable,
Par sa propre felicite.
Ie te voe parmi les delices,
Comme vne Vertu, resister:
E par les guerrieres malices,
Comme vne Pes, les detester.

Mes a qui ne sont manifestes
Des Princes les sublimes gestes,
Honorez de toe, e toe d'eus?
Mes a qui ce grand Roe ton Frere,
Secondant ce grand Roe ton Pere,
Ce Pere immortel de vous deus?
Hanri, dont la gloere respire
La force desja, pour aler
Les deus termes de son Ampire
A ceus du Soleilh egaler?

Cele grand' messagere inele
Porte a la ronde sus son ele
Ses tant memorables presans,
E des Poëtes elle alume
La force, le keur e la plume,

Autant

Autant que s'iz fuſſet preſans.
E moę, quelque part que je fuſſe,
Etant de cę bruit ambracè,
Sęroęt il poßiblę que j'uſſe
Autour du keur lę ſang glacè?

Quand je voę cę Sieclę honorable
Eternęllęmant memorablę,
Pour l'abondancę de ſon eur,
Ię nę quièr, puis qu'il m'à vu nętrę,
Que par quelque bon moyen ętrę
L'un des porteurs de ſon honneur.
Męs quel moyen ſaurvę je elirę
Qui plus mę ſut donner dę pris,
Qu'a noz ſuiuans montrer e dirę
Cę que les Muſes m'ont apris?

 Iè la Françoęſę Poëſie,
Auęquęs tant d'autręs, choęſię.
Sus l'Amoureuſę paßion:
Laquelę pourtant n'è trouuęę,
Apręs l'auoęr bien eprouuęę,
D'aſſeZ dinę ocupacion:
Sinon que c'ęt vnę vęrdurę,
Qui fęt lęs Ecriteurs contans
Cę peu que lę vęrd agę durę:
Puis ſoudein ęllę pęrd ſon tans.

Qui nę sèt commant ces yeus dardęt
Leurs tręz dedans les keurs qui ardęt,

Puꝰ

Pris gelet de nouueaus glaçons?
Qui n'à dit cet Or a sufire?
Ce Coural? ces fleurs de Zefire?
E ces Soleiz an çant façons?
Qui n'ęt mort çant foęs an son amę?
Qui n'à plù tant d'eaus de ses yeus?
Qui n'à des rigueurs de sa Damę
Acusè la Tęrrę e les Cieus?

Donquęs voyant la France laßę
De voler d'unę ęlę si baßę,
E chęrcher plus hautę largeur,
Ię lęuè plus haut ma volęę,
D'unę ęlę qu'Amour m'à colęę,
Pour de l'Ęr mę fęrę nageur,
Souz la guidę de la Mętreßę
A qui luimęrię mę soumęt:
Qui à posè ma surę adreßę
Sus le Mont a doublę sommęt.

La, j'è recreè mes oreilhęs
Du son des neuf voęs impareilhęs
Quę randęt les sacreęs Seurs:
E parmi toutę l'armonię,
Ię goutè cęlle d'Vranię,
Qui m'à rauì de ses doußeurs:
Léquelęs ancor non noteęs
Sus les fredons Treïßiens,
An la France j'è aporteęs
Aus Amoureus Musiciens.

h 4   Maugrè

Maugre le Tans qui tout oublie,
La Harpe antique è ranoblie
De l'honneur de ses premiers chans,
Qu'a la docte oreilhe antantiue
Sonnoèt la mein docte inuantiue
Des Menetriers jadis touchans.
I'è chantè de l'Er les contrees,
E les vapeurs s'i eleuans:
E les puissances j'è montrees
Des Feuz, des Orages, des Vans.

Les flammes du Soleilh j'è dites
A sa pleine Seur interdites,
La Terre antredeus se rang'ant:
Puis j'è dit comme elle nous frustre
Quelquefoes du fraternel lustre,
De notre Terre se vang'ant.
E de tousjours mieus antreprandre
Ie suis tantè, je suis veincu:
Pour temoignage aus puinez randre
Du Siecle eureus ou j'è vecu.

Quoe? n'è j'ù autrefoes courage
De me proposer vn ouurage,
Dont nul onq n'osa se charger?
De l'Hercule de notre Gaule,
Qui soutint le Ciel sus l'epaule,
Pour le grand Atlas soulager?
Tant etoèt ma Muse afolee
De notre double honneur Gauloes.

E sur

E sur tout, de voër extolee
La Royaute de tes Valoes.

Je me proposoȩ tant de guȩrrȩs
Achȩuȩȩs par Mers e Tȩrrȩs,
E les monstrueusȩs horreurs
A douZe foȩs extȩrminȩȩs,
E les regions chȩminȩȩs
Par continuellȩs ȩrreurs:
Euurȩ d'unȩ peinȩ indicible,
E d'un keur trop haut glorieus,
Sinon qu'il n'ȩt rien impoßible
Au Poëtȩ laborieus.

Mȩs cȩrtȩs cetȩ amprisȩ arduȩ,
Je connoȩ qu'ȩl' nȩ m'ȩt pas duȩ:
Car jȩ me suis quitè cȩ prȩt,
Qu'a moȩ jȩ m'etoȩ voulù fȩrȩ:
E n'etant pour m'i satisfȩrȩ,
M'an suis fȩt vn autrȩ plus prȩt.
Il mȩ sufira bien, si j'osȩ
Quelquȩ moindrȩ e plus dous labeur,
E n'è hontȩ qu'an si grand' chosȩ,
Lȩ couragȩ cedȩ a la peur.

Pourtant, Madamȩ, jȩ mȩ siȩ,
E Phebus lȩ mȩ sinifiȩ,
Quȩ jȩ n'è pas peu antrȩpris:
Tandis quȩ luimȩme distillȩ
Vn Marcial e plus haut stilȩ

h 5   An

An l'ardeur des Françoęs ęſpriz,
E qu'a notrę Roę lę Ciel donnę,
Auęc ſes victoęręs, tant d'eur,
D'emer l'Ecriuein, qui antonnę
La Trompętę dę ſa grandeur.

Lę Roßignol.

Ninfęs, l'honneur des boęs,
Rechantęz moę les voęs,
E la Muſiquę guęę
Dę l'Oęſeau, qui du pli
Dę ſa languę aſſoupli
Nuit e jour vous eguęę.

Ditęs lę lieu des chans,
Ou lon oęt ſes beaus chans,
Quę tant j'ęmę e reuerę:
Qui ſamblę au Paradis,
Ou Naturę jadis
Aßit ſa Primęuerę.

Zefirę a ſon retour,
I fęt rirę alantour
Les campagnes qu'il ornę,
Lors quę lę blanc Toreau
Vient heurter lę barreau
Dę l'An auęc ſa cornę.

La ſont les tapis vęrs,
Naïuęmant diuęrs,
Blans, rouges, bleuʒ e jaunęs:
La ſont Chęnęs, Ormeaus,
Les ombrageus rameaus
Des Silueins e des Faunęs.

Le ruiſſeau arg'antin,
Au long pli ſęrpantin,
Chaſſe ſes eaus clerętęs,
D'un coulis gargoulhant,
E fuìt aual, boulhant
Par les liſſes pięrrętes.

D'une Fonteinę il nęt
Criſtalinę, aui n'ęt
D'art de mein maçonnęę:
Męs l'eau ſoef s'egorg'ant,
E l'areinę epurg'ant,
Sa cunę à façonnęę.

Puis au lieu de portalh,
Les calhouʒ, du betalh
La tienęt deſandue:
E au lieu de lambris,
Ęll'à pour ſes abris,
La Rochę ſurpandue:

La Rochę au dos mouſſu,
La Rochę au dos boſſu,

Qui

Qui se recourbe an voûté:
E le dedans scabreus,
An er demi ombreus,
La beaute lui ajoûte.

Le plesant ápre Mont
A grauir vous semond,
E au sommet vous arte
L'euilh an vn but certein,
Qui, ni court ni lointein,
Ne l'astreint ni l'ecarte.

La pouuez a plesir
D'une vue choesir
Meint superbe edifice:
E voer de quel combat
La Nature se bat
Ancontre l'Artifice.

Le rude qu'el' batit
Nul tans ne l'aplatit,
C'êt perdurable ouurage:
L'Art bien le fêt poli,
Mes il êt demoli
D'intampestif outrage.

Ancor n'êt ce qu'un tans,
Que les hommes contans
De leurs Euures se tienet:
Car tót deuenuz las,

A iii

Aus naturęz soulas
Iĺ vienęt e rçuienęt:

Aus soulas detourneȝ,
De vęrs buiʃʃons bornez,
Que cete ouuriere pare
An ses ʃyluęſtręs lieus,
Ou, pour ʃę trouuer mieus,
Bien ʃouuant lon s'egare.

Iĺ di les vęrs buiʃʃons,
Temoins des pętiz ʃons
E notęs ebaudięs
Du Roʃʃignol, batant
L'ęr au largę, e flatant
Dę milę melodięs.

Les näinęs beauteȝ
Qu'on voęt dę tous cotez,
Franc hommagę lui doęnęt:
Ces paradis plęʃans
Rçuienęt tous les ans,
Afin qu'iĺ lę reçoęnęt.

Vous, doĺtęs eprouuez,
Ditęs, ʃi vous pouuęz,
Quelę reʃon Fiʃique
Pourroęt ʃęrę ʃauoęr
Cę miraclę, d'auoęr
Sans art, l'art dę Muʃique?

Or il

Or il vous rand epris
Du fil de ses espriz,
Qu'an long il continue:
Or il le racoursit,
Le feint e adoußit,
Dechiéte e diminue.

Tantót d'un mol respir
Vous fet comme vn soupir,
Qui promet la redite:
Or vient antrecouper
Sa voes, e vous tromper
D'une pause petite.

Or dedans la reçoet,
E samble qu'elle soet
An vn clos qui l'ammure:
Or vous rand atantif
Ce petit inuantif,
Qui auec soe murmure.

Or il songe vn petit,
Tenant votre apetit,
Branche deßus l'epine:
Puis fet nouueaus doublez,
E fet nouueaus couplez,
De sa langue poupine.

Declique vn li cliéti
Tretis petit fetis,

Dʋ pli qu'il multiplie
Il sifle au floc flori
Du buiſſon, fauori
D'Eco qui le rᶒplie.

Qui nᶒ s'ejouiroᵉt,
Qui nᶒ s'ebahiroᵉt,
Dᶒ cᶒ chant d'excᶒlancᶒ?
Plein, grauᶒ, agu, prᶒſſe,
Haut, moyen, rabᶒſſe,
Qui ſᶒ dardᶒ e s'elancᶒ?

Ancor ſans ᵉtrᶒ fᵉt,
Au boᶒs il contrᶒfᵉt
Les plʋs näiuᶒs notᶒs
Des Mauuis, Pinſonnᶒz,
Lorioz, Chardonnᶒz,
Calandrᶒs e Linotᶒs.

Cᶒ goſier ſi foᶒblᶒt
Vous à l'ᶒr d'un ſublᶒt,
D'un flag'ol, d'unᶒ flutᶒ,
D'un orguᶒ, quᶒ la mein,
Pour lᶒ plᶒſir humein,
Des Artiſans afutᶒ.

O Art dᶒ peu d'honneur!
O Art chichᶒ donneur!
Cᶒ quᶒ la curᶒ humeinᶒ
Fᵉt ſi tard e ſi mal,

A Cᶒ

A ce feble animal
Nature seule ameine.

Sa doussete chanson,
Au petit anfançon
Bien fut eureus auspice,
L'ambouchant des dousseurs
Facondes des neuf Seurs,
E d'Apolon propice.

Tousjours và s'eforçant,
Tousjours sa voes haussant,
Voes longue, plate, e pleine.
Vn petit corselet,
Vn petit oeselet,
Auoèr si longue aleine!

Và petit babilhart,
Và petit fretilhart:
Pour le moins, ne caquete
Que sus le jour dispos:
Donne quelque repos
A ta souple languete:

Cesse ces dous annuiz,
Pour l'une de ces nuiz:
Ma Dame ęt si rauie,
Mignon, a t'ecouter,
Qu'il lui pourroèt coûter
Le repos e la vie.

Voyèz

voyèz de ce folęt,
De ce Rossignolęt,
Qui contre moę s'obstine:
plus on le νà priant,
plus fort il νa criant,
E tant plus sę mutine.

voermant, tu as reson,
Puis que c'ęt ta seson,
Chantę, siflę e fredonné:
A nul n'ęt mefeçant
Ton gringotis plęçant,
Qui la νie redonnę.

O beau petit Oęseau,
O petit Damoęseau
Des Ninfes, petit Angę:
On nę t'oęt point chanter
La ou νienęt hanter
Oęseaus d'especę etrange.

Seul tu tę fęs ouir,
Apart tu νeús jouir,
An chantant, de ta gloęrę:
Ou contrę ton pareilh
Tę męz an apareilh,
Pour gagner la νičtoęrę.

Il assaut, tu defans,
Il fand l'Ęr tu lę fans:

i   *Tu l'assauz,*

Tu l'aſſauz, il ranuie:
E puis le moins expert,
Par trop de keur, i perd
Auec le camp la vie.

Ecoutèz les tous deus
Au combat hazardeus:
Las celuila ſucombe,
E lui faut a la foes
E l'aleine e la voes!
Las voyèz le qui tombe!

Mes et il mort einſi?
Non, il n'et que tranſi
De l'honneur qui l'anyure:
Ma Dame, d'un ſoufler
Reſpirant vn dous fler,
Le và fere reuiure.

A MADAME MARGVERITE,
sus la descripcion des quatre Sesons
de l'Annee,

*

Epigramme.

Votre Printans ét florissant assez,
Qui vous promèt vn plantureus Ete,
Pour des dous fruiz an l'Autonne amassez
L'Yuer jouir auec joyeusete.
Soèt pour le Cors tout cela souhetè:
Quant a l'Esprit, il n'an à point metier,
Pource qu'il ét, sera e à etè
An son Printans perdurable e antier.

Le Printans.

La seson a Venus sacree
A chassè l'Yuer rigoreus:
L'Alme Nature se recree
An son Vniuers vigoreus.
A la Terre son Er agree,
L'Er de sa Terre ét amoureus:
An faueur de lui elle ét belle,
E lui ét beau an faueur d'elle.

i   z   Ià par

Ia par amour l'un l'autre beſe:
Il l'ambraſe, e elle lui rìt:
Sa chaleur elle lui apeſe,
De ſa roſee il la cherìt:
Dequoę tout verdoįę a ſon eſe,
S'eguęc, s'augmantę e nourrìt
Le verd des Foręz on voęt poindre,
Si tót qu'iz ſe ſont venùz joindre.

Le beau Phebus, leurs amourętes
Ranflamme de ſon chaud Mouton:
Zefire de viues fleurętes,
Ou ecloſes, ou an bouton,
Anrichit les branchęs tandrętes,
E aſpirę leur franc gęton.
Il n'y à rien qui ne ſe ſantę
De cetę grand' faueur preſantę.

Toute Hęrbe a ſurętę s'expoſe
Au Soleilh tiedemant luiſant:
E la Vigne qui pouſſer oſe,
Ne creint plus l'Aquilon nuiſant.
On voęt abonder toute choſe
D'un ſuc natif, tandrę e duiſant,
Qui fęrtilemant euęrtue
L'Eſpeçę qui s'an pęrpetue.

Tous les Troupeaus l'Amour epreuuęt,
Fieręs, Oęſeaus de diuęrs teinz,
Tous a vne flamme s'emeuuęt,

T

Tous sont d'une fureur ateinz :
Des Poeſſons mêmes pas ne peuuet
Les feuz souz les Eaus ętre eteinz,
Ni les Baleines efrenees
De Protee ętre gouuernees.

Deus Toreaus le combat ſe donnet,
Animez, felons e hideus :
E les Troupeaus ſuſpans s'etonnet
Auquel iz doęuet ſęruir d'eus.
Les Rochers au large reſonnet,
Du heurt efreyable des deus :
Le veincu s'ecarte e s'elongne,
Fol d'Amour, d'ire e de vergongne.

Les Oęſilhons, qui s'apariet
An leurs amoureus apetiz,
Tous pęlęmęle ſe mariet,
E ag'anſet leurs niz fętis,
Qu'an tant de ſortes iz variet,
Pour i eclorre leurs pętis,
Poures pętiz, qui doęuet ętre
La proęe du Vilein champętre.

Le Pig'on flate ſa femęlle,
Bęc contre bęc la muguętant :
Au buiſſon on oęt Filomęle,
Contre Teree caquętant :
Sa Seur, non ſi douſſe comme ęlle,
D'un babilh Itis regretant,

i ₃   Dęſſouz

Dęſſouz les toęz ſon ni acoûtre,
Le maçonnant contre vne poûtre.

Les Abeilhęs guęęs diſcouręt
Boęre les liquides ruiſſeaus,
E pilhardęs, ęllęs ſauouręt
Les fleurs d'hęrbęs e d'arbriſſeaus:
Puis d'art ménager elabouręt
L'ouurage dędans leurs vęſſeaus,
C'ęt le Mięl qui ſon odeur amble
De tant d'odeurs miſęs anſamble.

Vous alèz votre plęſir prandre,
A voęr les Chëuręs e Brębiz
Parmi les Chans connuz s'epandre,
An pęſſant les nouueaus hęrbiz:
E les Chëureaus e Agnaus pandre
Des meręs a l'ameilhe piz,
Qui ſous s'egaręt e ſę męlęt,
Folatręt, gambadęt e bęlęt.

Les nuiz, croęt la Roſęe freſchę,
Qui pęut bien l'Aurore andurer:
Męs le ſoleilh ſerein l'ampęſchę
Qu'ęllę puiſſe guere durer,
Alors que ſon cours il depęſchę,
Pour les guęiz Iumeaus męſurer:
E que dę la Roſę vęrmeilhę,
L'œulh clos au plus matin s'eueilhę.

                              Qnel

Quel plesir, quand se beau tans dure,
De goûter le fruit sauoureus
De ses amours sus la verdure!
Quel deul, n'etre point amoureus!
E combien et la peine dure
De l'Amant qui vit langoureus!
Quand le Ciel ses maus lui ampire,
E a tous, fors a lui, aspire.

Ces beaus jours etoét, quand le Monde
S'admira dedans sa grandeur:
Quand le Feu, l'Er, la Terre e l'Onde
Prindret hautece e parfondeur:
Quand ce Tout print sa forme ronde,
E tous les Astres leur splandeur:
E qu'aus Sustances animees,
Furet les vies imprimees.

Car vne si nouuelle anfance
N'ut portè l'horreur de l'Yuer,
Ni du Soleilh l'ardante ofanse,
Ni le tort de l'excessif Er,
Si du Ciel el' n'ut u defanse,
Qui fit réner ce gantil Ver,
Tant qu'el' ut la force plus sure,
Pour veincre des Tans la blessure.

i 4   *L'Ete.*

L'Ete.

Phebus par ſa voęé bornee,
Monte dans ſon quartier d'Ete:
E an ſon Tropiqué arręte,
Nous fęt la plus longue journee.
E puis rediualant
D'une alure plus lante,
Sa force violante
Nous lęſſé an ſ'an alant.

L'ardeur penetratiue e forté,
Rien de verte umeur n'à lęſſè
Au tuyau, qui l'epi beſſe
Desja a bien grand' peine porté.
Vǫci le Moęſſonneur,
Qui auęc ſa Fauſſilhe,
Vient lui e ſa familhe,
Tondre des Chans l'honneur.

Cete plantureuſe rancontré,
D'un ſeur e euidant cfęt
Antierémant a ſatifęt
A la fleur e eureuſe montre:
Ceręs aus blons cheueus
A randu la meſure
De l'ordinere vſure,
Diue aus Ruſtiques veuʒ.

An diſant

An difant leurs chanfons nouueles,
Garfes e garfons de fier:
L'un tord fes cordes, pour lier
Ce que l'autre mèt par janeles.
An ce chaud deffechant,
Des barìZ qui gargoulhęt
Le gofier tari moulhęt
A chaque bout de champ.

Margot vne friture apréte
De poes, de ferfeulh e ongnons:
E puis la porte aus compagnons,
An vn plat de boes fus fa tęte:
Elle fèt tout pour eus
De hęt e fans pareffe:
Męs fus tous, el' careffe
Tinot fon amoureus.

Confequammant và le ble batre
La troupe au compaffe combat;
Hauffe le bras, abat e bat
Coup apres coup e quatre a quatre.
L'un mefure au boeffeau,
Tandis que l'autre vane:
E Granjan an ahane,
Le portant au monceau.

I pilhęt les niZ aus bocages
De la Tourtrele ou du Ramier,
DeZja męrquez au tans premier:

i 5   E des

E des cancs, aus marecagẹs:
Es creuz, les Sanſonnẹz:
Calheteaus, ſouz les motẹs:
Chardonnẹz e Linotes,
Parmi les buiſſonnẹz.

Toẹ Palẹs, qui la gardẹ as priſẹ
Des prez e des pátiꝛ herbuz,
E toẹ, fuitif du Ciel, Phebus,
Paſteur d'Admetẹ prẹs d'Anfriſẹ,
E vous, Dieus des forẹz, ⸱
Cetẹ ſeſon ſecondẹ
Par votrẹ eidẹ ẹt fecondẹ,
Commẹ ellẹ ẹt par Cerẹs.

Voẹci la prẹriẹ alterẹẹ,
Que s'an vá raſer lẹ fauſcheur
A la matinalẹ freſcheur
Auẹcques ſa Faus acerẹẹ:
Puis eyant bien fauſchè
Toutẹ la matineẹ,
Repẹt a la dineẹ,
Tout dẹ ſon long couche.

Vous oyéꝛ les douſſẹs Muſẹtẹs
Anfleẹs des guẹiꝛ Pátoureaus,
An voyant pẹtrẹ leurs Toreaus,
Chèurẹs e Brẹbiꝛ camuſẹtẹs:
Du Soleilh annuyant
La chaleur iꝛeuitẹt,

pręs des eaus, qui inuitet
D'un murmurę bruyant.

Aucunęsfoęs, par amouręttes,
Tandis quę lę chien ęt au guęt,
Sę jouęt dessus lę muguęt
Auęc leurs g'antęs pâtouręttes.
C'ęt assęɀ d'un pętit,
Car lors il vaut mięus boęrę,
Quę de s'amię croęrę
Le trop grand apetit.

Iupitęr ancontrę la Tęrrę
Au tans d'Ete sę courroussant,
D'irę foudroyant' và poussant
An bas vn eclatant Tonnęrrę:
Du coup, es voęsins lięus
Les keurs etonnęɀ tramblęt,
Qui cuidęt quę s'assamblęt
E la Tęrrę e les Cięus.

Lors les vans horriblęs rędoublęt
Les tourbilhons tampęstueus,
E les tormans impetueus,
L'ęr hideus tout au largę troublęt.
C'ęt alors quę la peur.
Fęt les laboureurs blęmęs,
Qu'iɀ nę pęrdęt, d'eus nięmęs
E des Beuɀ lę labeur.

Donq

Donq la troupe quotidienne,
Des l'antree de la seson,
Doèt fere son humble oreson
A la sacree gardienne:
Car l'art negocieus,
Quoe que l homme i traualhe,
Ne vient a rien qui valhe:
Sans la faueur des Cieus.

L'Ete, dont les fruiz se perçoeuet,
Et la grand' joee des Pasteurs:
Mes il et triste aus viateurs,
Qui des chemins la poudre boeuet.
Iz seroèt an perilh
De mortele auanture,
N'etoèt qu'a leur ceinture
Iz portet le barilh.

Toutefoes an si fort ancombre,
Qui rand les cors veins e falhiz,
Au milieu des boes e talhiz
On recouure vigueur an l'ombre:
E an ce dous sejour,
On à souz la verdure
La fresche couuerture
Contre l'ardeur du jour.

Les Eaus cleretes on oèt bruire
De la source issant' du Rocher,
Ou lon ne voèt point aprocher

L.t)

Les Troupeaus pour lui pouuoȩr nuirȩ.
La, coutumierȩmant
Les Ninfȩ́s suruȩnuȩs,
Sȩ jouȩt toutȩ́s nuȩ́s
Anfamblȩ surȩmant.

Souuant les Bȩrgers a l'amblȩȩ
Ont eſſeyè a leur pouuoȩr,
Seul a ſeul, deus a dȩus, pour voȩ̀r
Dȩ ces Deȩ́ſſȩ́s l'aſſamblȩȩ.
Arrierȩ dȩ́ ces lieus,
Bȩrgers, e voz ſequȩlȩs:
E vous ſuffiſȩ, qu'ȩllȩs
Nȩ ſont quȩ pour les Dieus.

L'Autonnȩ.

L'Aſtrȩ annuȩl, gouuȩrneur des ſȩſons,
An diſcourant les Celeſtȩs mȩſons,
Lȩſſȩ̀ la Viergȩ Aſtrȩȩ:
E fȩ̀t l'egal ſejour
Dȩ́ la nuit e du jour,
Fȷant la Liurȩ́ antreȩ.
Baccus vineus aprȩ́tȩ ſes cȩrceaus,
Preſſoȩrs afutȩ, e rȩfȩ̀t ſes vȩſſeaus.

Lȩ Vandangeur à tous les piȩⱬ ſoulhȩ̀z,
Dȩ́ trȩpigner les greins ecarboulhȩ̀ⱬ.

E cȩtȩ

E cete mere goute,
Que l'epreint Reiſin rand,
A ondoyant torrant
An la Cuue degoute:
E le gros fut an la geine etreignant
Le marc talhe, a l'ahan ęt geignant.

Taons e Bourdons murmuret alantour
Du dous Reiſin, d'aler e de rętour:
E la guępe aſſouuie
De la fierante odeur,
Pęrd par trop grand' ardeur,
An pleine mer ſa vie.
Le mouſcheron neſſant de l'ęr fumeus,
Meurt au milieu du bruuage ecumeus.

Ici n'i à ſeulemant qu'un defaut,
Que nous n'auons autant de muiꝪ qu'il faut.
Vne grand' force abonde
Dedans ce nouueau moút,
Qui s'epurge e qui boút,
S'egorg'ant par la bonde.
Bien aſſure e fort ęt le Cęrueau,
Qui n'ęt fęrù de ce fumęt nouueau.

Les jours e nuiz ſe ſantet meintenant
Moins de l'Ete, que de l'Yuęr venant.
Ce tans ſi variable,
E ſi plein de diſcors,
A la ſante du cors

Ęt bien

E't bien peu amiable.
Gardé du mal qui mèt l'hommε au trépas,
Quand par les boες la feulhε tombε bas.

Ici tes dons, Pomonnε, ſont preſans,
Ces jours nε ſont dε tes beaus dons exans:
Les Arbrεs qui s'apuyεt
D'autrε quε dε leur boες,
Dε porter cε grief poες
Dε plus an plus s'annuyεt,
Lε jaunε Coin, la Pommε au vεrmeilh teint,
Dε leur keulhεtε ont ja lε tans ateint.

Cet Arbrε la, mon grand perε à plantè,
Cet autrε ici moεmεmε j'è antè:
Dε ſa nouuεllε branchε
L'Arbrε s'ebahit bien,
Voyant lε fruit non ſien
D'unε eſpecε plus franchε.
L'hommε par art peùt Naturε amander,
E vn conduit nouueau lui commander.

Tu as l'honneur, Autonnε, dε tous fruiz,
Fors quelquεs vns quε l'Ete à detruiz:
Car il ξt neceſſerε,
Cε chaud immodere
Ξ'trε vn peu tamperè
Par vn fρεs auεrſerε.
E ſi tu fεs ta keulhεtε tarder,
Auſſi les fruiζ s'an peuuεt mieùs garder.

                                                        Les

Les fouflemans des Vans froęz, lans eſęz,
Humęt l'umeur d'Arbręs, Plantęs e Sę₹:
E Vulturnę, qui pilhę
Aus chans les honneurs vęrs,
Des Arbręs decouuęrs
Les feulhęs eparpilhę.
Lę ſuc du boęs, force du vant ſechant,
Rętournę au fons, la racinę chęrchant.

L'Yuęr.

Lę Flambeau qui les Cieus ornę
Antrant dans lę Capricornę
Fęt an cę tans glacial
Lę brief jour Solſticial.
Voęci l'Yuęr triſtę e mornę.

D'Eolę la męſon tonnę
Du grand bruit qui s'i antonnę:
E les Vans plus orageus
Boufęt dędans, outrageus,
Quę carrierę il nę leur donne.

De leur Clos a foulę iz partęt
E dę grand' roędeur s'ecartęt
Par Mers e Tęrręs fuyans,
E leurs fouflęmans bruyans
Par les quatrę coins departęt.

Leur

Leur violance subite
par la Terre se depite,
E les Arbres, qui n'ont pas
La racine ferme au bas
Ront, ranuerse & precipite.

Le Chéne vieus iz assalhet,
E parantr'eus iz batalhet:
Eure e Zefire souflans,
E Boree, de tous flans
Branle e antorse lui balhet.

Sa grosseur ni dure ecorce
N'usset soutenù l'etorse,
Qu'an fin ne fút sucombé.
Si le feulhage tombe
N'ùt otè prise a la force.

Des Eaus la course hátiue,
E't arretee captiue:
L'er antour de froed noercit,
E les visages gersit
La Bise penetratiue.

Les Ninfes sont etonnees
De se voer amprisonnees,
Qui l'er regarder souloet:
E ou les bateaus couloet,
Les Charretes sont tournees.

k   Dü

Du neʒ coule la roupie
A la bergere acroupie,
E maugre le triste vant,
Soufle & reʃʃoufle ʃouuant
An vein la flamme aʃʃopie.

Quelque bête qui puiʃʃe être,
Ou domestique, ou champêtre,
Toutes eʃpeces d'oeʃeaus,
Es boes, es mons ni es eaus
Ne trouuet rien a repêtre.

E les neges aʃʃamblees,
Qui ont les foʃʃes comblees,
E blanchi par tout les chans,
Aus pietons e cheuauchans
Les adreces ont amblees.

Le reyons qui des yeus partet,
E ʃus ce blanc poli s'artet,
Par trop grande liberte
De la difuʃe clerte,
Se diʃʃipet & s'ecartet.

Le Lieure eyant perdu terre,
Sur le ʃoer par la nege erre:
E an imprimant ʃes pas,
Et cauʃe de ʃon trepas,
Pour le lieu ou il s'anʃerre:

Car

Car vęnant la matinee,
par cetę voęę sineę
On và la proęę etraquer,
Ou ęl s'ęt alè parquer,
La nuit dę sa deſtineę.

O Hyuęr, seſon chęnuę,
ſombrę, frileuſę, ápre & nuę,
ſi ęt cę quę meint plęſir,
Quand on le sèt bien choęſir,
Sę preſantę a ta vęnuę.

On prand les Oę's etrangeręs,
On chacę aus Gru's paſſageręs,
Dous butin dę ſes trauaus:
Ou auęc chiens & chęuaus,
Aus Deins, e Biſchęs legeręs.

Lę Laboureur, qui eſperę
L'an a vęnir plus proſperę
Quę n'ont etè les paſſeʒ,
Depand les biens amaſſeʒ
An ioęę auęc ſon comperę.

Des longuęs nuiʒ le dous ſommę
Les annuiʒ des keurs aſſommę:
Lę vin pur e ecume,
E lę beau feu alume
Degelęt l'eſprit dę l'hommę.

148

A MONSIGNEVR
LE MARECHAL DE BRISSAC.

*

AN quelquę honneur que j'ecriuę
    dę toę,
Preus Cheualier , ja creindrę je
   nę doę̀
D'ętrę blamè dę l'ordinerę vicę
De ceus qui ſont obligeᵶ a ſeruicę,
Qui leur dęuoęr e leur affeccion
Reglet au pris dę leur ſugecion,
E ſouuant plus a Fortunę deferęt,
Quę la hauteur dę Vęrtu nę reueręt.

  Ię crein plus tót, que voulant ancorder
Cę chant hardi, je nę puiſſę acorder
Ma baſſę Lirę a la Trompę hauteinę,
Qui tę reſonnę a la ronde lointeinę:
E ſi je vièn a l'acorder ancor,
Qu'on nę l'antandę aupręs d'un ſi grand cor,
Fors quę du ſon, ma Lirę ampruntę vnę amę,
Pour ranforcer la langueur dę la Famę.

  Cę ſon qui bruit e qui parle aus viuans,
Ie lę pretàn rechanter aus ſuiuans,
E ranimer cetę Famę volagę,
Qui dęuient fęblę au changęmant dę l'agę,

                         E des

E des discors qui au Monde se font,
Au long aler ses paroles confond:
Or an chémin vn vant son éle arréte,
Or an la Nue élle cache sa téte.

  I'atire l'ér de ce Pau tournoyant,
Qui d'un long fil ton nom và ondoyant,
E court tout fier du méssage qu'il porte
Dedans l'Adrie, antrant par double porte.
Non si anfle, non si gros s'apérçoét
Des trante nons des Fleuues qu'il reçoét
De l'Apannin ni des Alpes pointues,
Que du seul nom dont tu le pérpetues.

  Il và sonnant le païs etandu,
Que prés ses bors, Françoés tu as randu:
Il va flotant comme au Sceptre Galique
Tu as ouuért le passage Italique,
Qui seul donra (si les cours succéssiz
De dominer, ont leur ordre precis)
Vn seur accés au souuerein Ampire,
Auquel la France a grand' aleine aspire.

  Més il n'a point jes floz ondeus tachéz
Du sang des cors an batalhe hachéz:
Il ne bruit point tes victoeres sanglantes
Aus chans troubléz de poudres aueuglantes:
Il ne bruit point tes titres glorieus
Antrerougiz d'un Mars trop furieus.
De ton cler nom la Mer pure il honore,
E d'autre teint que sien ne la colore.

  Il bruit vn Mars a police s'offrant,
E les ediz de l'Equite soufrant:

k 3   **Il bruit**

Il bruit Vn Mars, qui mémé s'acompagné
D'une Minerué an la pleiné campagné.
Il dit commant tous ceus qué tu Veinquiz
Sont fi contans d'auoèr etè conquis,
Qué tout lé reslé anuieus iz font étré
D'auoèr par toé Vn Hanri pour leur métré.

   An foé la Mer antré deus térrés prand
Ton haut renom qué cé Dieu lui aprand,
E touté anfleé e joyeufé s'an chargé,
Pour lé repandré ancore plus au largé:
Elle le pouffé au plein dé la grand' Mer,
Par lé detroèt qu'Hercule fét nommer,
Afin qu'au loin tout l'Ocean on oé
Qui de ta gloèré e dé tes féZondoé.

   Desja Tetis a ouïr nous femond,
Qué trop etroèt pour toé ét lé Piemont:
E qué tant plus largé tu l'as fù randré,
Moins ta grandeur an foé il pèut comprandré.
Céié grandeur, qui ne fé pèut laffer,
Trop plus grand tour afpiré d'ambracer:
Desja lé bruit dé la Francé s'anfermé
Auéc lé tien, dedans Vn mémé térmé.

   Tant qué la Francé etandré fé pourra,
Tousjours ton nom auéc lé fien courra:
Tousjours lé Tans recéueur des Histoérés
T'aura mélé es Françoéfés Victoérés.
Quand il orra dé cé grand Roé Françoés
Les féz ecriz, faudra qué tu an foés:
Quand dé Hanri plus grand fiz du grand peré,
Forcé féra qué ton nom i aperé.

Que fi le nom Françoęs au but ateint
Ou le matin blanchìt an vermeilh teint,
Tousjours celui de Briffac memorable
Prandra fa part an ce cours honorable:
E puis s'il peùt (mes il peùt bien) gagner
La ou Titan fes cheuaus và bagner,
Soudein fera auęc cete etandue
Du fort Briffac la louange epandue.

Viene an la France vn heroïque auteur,
Qui puiffe voęr dęs le pie ta hauteur,
E jusqu'au chef mefurer il la fache,
Si qu'aus puineʒ rien de toę il ne cache.
Die l'efpoęr de tes ans plus petiʒ
Dont vint l'efęt delors que tu vetiz
L'armęt an tęte, e delors que ta lance
Fit fa premiere epreuue de valhance.

Die commant e Fortune e Vęrtu
Par jaloufie an toę ont combatù
Pour ta grandeur, a qui fe fęroęt croęre
Vęrs noʒ neueuz des haus poinʒ de ta gloęre:
E qu'ęllęs ont de tes fęʒ toutés deus
Randù temoins tans de lieus haʒardeus,
Randù temoins l'Itale & l'Alemagne,
Randù temoins l'Angletęrre & l'Efpagne.

Die commant le Ciel, large donneur,
T'à fęt monter par tous degreʒ d'honneur,
Tant ta Fortune an ta Vęrtu fùt neę,
E ta Vęrtu dinęmant fortuneę:
Que de Fortune autant il t'à chalù,
Qu'ęlle à au bien de la France valù:

E que

E que tu as toute faueur remiſe
An cęllela que Vertu t'à promiſe.

Cedęt les Greȝ aus Françoęs beliqueus,
Qui ont Achile auſſi bien e mieus qu'eus:
Cedę l'efort de l'ire impetueuſe
Au grand honneur de force vertueuſe:
Alhe dęrriere vn courage hâtif,
Inexorable, ireus, vindicatif:
Marche pręmiere vne valeur pareilhe,
Męs an vn keur qui au tans ſę conſeilhe:

Soęt le ſecond, qui a Troęe à etè
Pour l'aſſieger, juſqu'au diȝieme Ete:
Soęt le premier, qui an tans demimoindre
Plus d'une Troęe a la France à ſù joindre.
Quite le pris qui du ſiege etoęt las,
Si n'ut etè le ſecours de Pallas,
A qui à ſù vſer, e tousjours vſe,
Egalemant e de force e de ruſe.

O notre Siecle aſſeȝ grand deſormęs,
Pour ętre example aus Siecles a jamęs,
S'il pût donner a ſon futur lignage
De ſes grandeurs ſufiſant temoignage!
Car de quoę ſęrt que ſoyons precedans
An fęt d'honneur ceus qui ſont pręmiers d'ans,
Si leur vęrtu an efęt plus petite,
Par vn credit la notre ſupedite?

Ciel, gardien de toutes rariteȝ,
Dont tu meintiens tant de poſteriteȝ:
Qui noz ſouhę̀ȝ par contę nous fęs fęre,
E as tousjours de quoę i ſatiſfęre,

Si tu as fẹ̀t par tes coulans dẹgreȥ
plus valeureus les Françoẹs quẹ les Greȥ,
si par les loẹs, qu'an suitẹ tu disposẹs,
plus d'unẹ Asiẹ a Francẹ tu proposẹs:
  si vn Hanri fẹ́ȥ dẹ trop plus grand nom,
Qu'un Menelas, ni qu'un Agamenon:
si plus qu'Achilẹ, e plus qu'Vlissẹ ancorẹ
Vn Charlẹs seul notrẹ Francẹ decorẹ:
D'un don antier veulhẹ nous fauorir,
Fẹ̀ an la Francẹ vn Homerẹ florir,
Afin qu'aus cours des agẹs ẹllẹ tirẹ
L'honneur pareilh dẹ bien fẹrẹ e bien dirẹ.

MOINS E MEILHEVR.

Fautes ſuruenües an imprimant.

Page,	Ligne.	
8	1	auoèr pour auoèr
9	22	fallút pour falút
12	8	fé pour ſe
13	8	immortelle. pour immortelé!
15	23	détré pour d'étré
16	6	Somme pour Sommé,
17	5	s'auoue pour s'auoue
22	4	honteus? pour honteus.
33	24	Neyéz pour Neyèz
40	22	nourriſſémant: pour nourricémant.
55	2	vù pour vu
55	15	Amour je pour Amour, je
56	8	il pour s'il
56	21	agu pour agu
64	20	etroétté pour etroété
68	12	alors pour alheurs
73	19	rondeur pour rondeurs
76	2	ſeconde pour ſeconde
81	1	prandré pour prandré:
89	17	a l'Er pour e l'Er
92	4	cerné pour cerné,
100	27	fauorit pour fauorit,
104	4	reueilhes pour reueilhes
121	3	propoſoé pour propoſoé

www.ingramcontent.com/pod-product-compliance
Lightning Source LLC
Chambersburg PA
CBHW050015100426
42739CB00011B/2655